S0-BYI-938

# Optimismo contra el desaliento

# Optimismo contra el desaliento

## Sobre el capitalismo, el imperio y el cambio social

Noam Chomsky
y C. J. Polychroniou

Traducción de Francesc Reyes Camps

Barcelona • Madrid • Bogotá • Buenos Aires • Caracas • México D.F. • Miami • Montevideo • Santiago de Chile

Título original: *Optimism over despair*
Traducción: Francesc Reyes Camps
1.ª edición: octubre, 2017


Travessera de Gràcia, 47-49. 08021 Barcelona
Sipan Barcelona Network S.L. es una empresa
del grupo Penguin Random House Grupo Editorial, S. A. U.

Printed in Spain
ISBN: 978-84-666-6238-3
DL B-18646-2017

Impreso por Unigraf, S.L.
Avda. Cámara de la Industria n.º 38
Pol. Ind. Arroyomolinos n.º 1
28938 - Móstoles (Madrid)

# Índice

## Tercera parte

# Introducción

Las entrevistas de este volumen presentan las opiniones del principal intelectual público del mundo sobre las consecuencias de la globalización capitalista y sobre muchos más aspectos, tal como quedó registrado en conversaciones con quien esto suscribe en el curso de los pasados cuatro años —desde finales de 2013 hasta el inicio de 2017, para ser exactos— y que originalmente se publicaron en *Truthout*.

Noam Chomsky ha sido la «conciencia moral de Estados Unidos» durante más de medio siglo (incluso si sigue siendo un desconocido para la mayoría de sus compatriotas), así como el intelectual público más reconocido del mundo, pues se expresa con contundencia contra la agresión de EE. UU. y defiende los derechos de los débiles y de los oprimidos en todo el mundo desde los tiempos de la guerra de Vietnam hasta ahora. Sus análisis se sustentan siempre en hechos irrefutables y surgen de consideraciones profundamente morales sobre la libertad, la democracia, los derechos humanos y la dignidad humana.

La voz de Chomsky sigue siendo, de una manera casi singular, un faro de esperanza y optimismo en estos tiempos oscuros, en esta época de desigualdad económica sin precedentes, de autoritarismo creciente, de darwinismo social, con una izquierda que ha vuelto la espalda a la lucha de clases.

Desde hace ya bastante tiempo, se han sucedido señales claras y fuertes, por todo el espectro político y socioeconómico de las sociedades occidentales avanzadas, de que las contradicciones de la globalización capitalista y las políticas neoliberales asociadas a ella amenazan con desencadenar fuerzas poderosas que tienen la capacidad de generar no solamente resultados altamente destructivos para el crecimiento, la prosperidad, la justicia y la paz social, sino también consecuencias concomitantes para la democracia, el entorno y la civilización humana en su conjunto.

Sin embargo, según Chomsky, el desaliento no es ninguna opción. Por horrenda que pueda parecer la situación mundial actual, la resistencia a la opresión y a la explotación nunca ha sido una empresa estéril, ni siquiera en tiempos más oscuros que los nuestros. Realmente la «contrarrevolución» de Trump en Estados Unidos ya ha traído a la superficie una plétora de fuerzas sociales determinadas a resistir ante el aspirante a autócrata, y el futuro de resistencia en el país más poderoso del mundo parece más prometedor que en muchas otras partes del mundo industrializado avanzado.

En este contexto, las entrevistas reunidas aquí son, en nuestra opinión, de una importancia crítica. Originalmente las encargaron y editaron Maya Schenwar, Alana Yu-lan Price y Leslie Thatcher para su publicación como artículos independientes en *Truthout*. Nuestra esperanza, al reunirlas en esta antología, es ayudar a presentar las ideas de Noam Chomsky a una nueva generación de lectores y, por lo demás, mantener la fe en la capacidad humana de ofrecer una resistencia tenaz a las fuerzas políticas oscuras, para, en última instancia, cambiar el curso de la historia y mejorarlo.

C. J. POLYCHRONIOU
*marzo de 2017*

# PRIMERA PARTE

## La descomposición de la sociedad estadounidense y un mundo en transición

**C. J. POLYCHRONIOU: Noam, ha dicho que el ascenso de Donald Trump se debe a la descomposición de la sociedad americana. ¿Qué quiere decir exactamente con una afirmación como esa?**

NOAM CHOMSKY: Los programas estatales-empresariales de los pasados treinta y cinco años, más o menos, han tenido efectos catastróficos sobre la mayoría de la población. Los efectos más evidentes han sido la paralización, el deterioro y un incremento muy acusado de la desigualdad social. Así se ha suscitado el miedo, que deja a la población aislada e indefensa y la convierte en una víctima de fuerzas poderosas que no entiende y sobre las que no puede influir. La descomposición no viene motivada por las leyes económicas. Son políticas, un tipo de lucha de clases iniciada por los ricos y poderosos contra la población trabajadora y los pobres. Es la norma en el período neoliberal, no solamente en Estados Unidos, sino también en Europa y en otros lugares. Trump apela a los que sienten y experimentan la descomposición de la sociedad americana, a sentimientos profundos de rabia, miedo, frustración, desesperación... Incluso entre sectores populares en los que se asiste a un incremento de la mortalidad, algo que no se conocía más que en circunstancias bélicas.

**La lucha de clases sigue siendo tan violenta y desigual como siempre. La gestión neoliberal de los últimos treinta años, independientemente de que la administración fuera republicana o demócrata, ha intensificado enormemente los procesos de explotación y ha inducido una separación todavía mayor entre los poseedores y los desposeídos en la sociedad americana. De hecho, no veo ningún retroceso en las políticas de clase neoliberales, a pesar de las oportunidades que suscitó la última crisis financiera y de tener a un demócrata centrista en la Casa Blanca.**

Las clases empresariales, que son las que mayormente controlan el país, tienen una alta conciencia de clase. No es ninguna distorsión describirlas como meramente marxistas, pero con los valores y compromisos invertidos. No fue hasta hace treinta años que el dirigente del sindicato más poderoso reconoció y criticó la «lucha de clases unilateral» que sin cesar lleva a cabo la clase empresarial. Aun así, las políticas neoliberales son un desbarajuste. Al final han llegado a perjudicar a los más poderosos y privilegiados (que al principio solo las aceptaban para ellos de manera parcial), así que no podrán mantenerse.

Llama mucho la atención comprobar que las políticas adoptadas por los ricos y poderosos son precisamente las opuestas a las que dictan para los desvalidos y los pobres. De este modo, cuando Indonesia sufre una profunda crisis financiera, las instrucciones del Departamento del Tesoro estadounidense (a través del Fondo Monetario Internacional) determinan que se pague la deuda (a Occidente) para subir los tipos de interés y por tanto desacelerar la economía, que se privatice (de manera que las corporaciones occidentales pueden comprar sus activos) y el resto del dogma neoliberal. Para nosotros, en cambio, las políticas consisten en olvidar la deuda, reducir las tasas de interés a cero, nacionalizar (sin utilizar esta palabra), verter los fondos públicos en los bolsillos de las instituciones financieras... También llama la atención que este contraste dramático pase desapercibido, así como constatar que es algo que se ajusta a los registros de la historia económica de los siglos pasados, en los que constituyó una razón primordial para la separación entre el primer mundo y el tercer mundo.

La política de clases hasta ahora solo se ha visto amenazada marginalmente. La administración Obama evitó el más mínimo avance para acabar con el ataque a los sindicatos y para revertirlo. Obama incluso mostró indirectamente su apoyo a este ataque, de maneras interesantes. Vale la pena recordar que el primer viaje que realizó para mostrar su solidaridad con los trabajadores (a los que la retórica americana denomina «clase media») tuvo como destino la planta de Caterpillar en Illinois. Fue allí desafiando las denuncias de organizaciones religiosas y de derechos humanos sobre el grotesco papel de Caterpillar en los territorios ocupados de Israel, en donde constituye un instrumento esencial en la devastación de la tierra y de las poblaciones del «pueblo equivocado». Pero no parece haberse reparado en que, al adoptar las políticas antisindicales de Reagan, Caterpillar se había convertido en la primera corporación industrial en generaciones que rompía con un sindicato poderoso por medio del empleo de esquiroles, en una violación radical de las convenciones sindicales internacionales. Eso dejó a Estados Unidos en una posición única en el mundo industrial, junto a la Sudáfrica del apartheid, por la tolerancia de semejantes medios para minar los derechos y la democracia de los trabajadores. Y ahora me temo que Estados Unidos vuelve a estar solo en su posición. Pensar que se optara por ella de manera accidental resulta cuando menos difícil.

**Según una creencia muy arraigada, al menos entre algunos estrategas políticos muy conocidos, las cuestiones problemáticas no definen las elecciones americanas, por mucho que según la retórica los candidatos tengan la necesidad de entender a la opinión pública con el fin de granjearse el apoyo de los votantes. Sabemos, ciertamente, que los medios de comunicación proveen una gran cantidad de información falsa sobre cuestiones problemáticas críticas (por ejemplo, el papel de los medios antes y durante el lanzamiento de la guerra de**

**Irak). Sin embargo, resulta evidente que el público americano sí que se preocupa por las grandes problemáticas sociales, económicas y de política exterior a las que se enfrenta el país. Por ejemplo, según un estudio de investigación publicado hace algunos años por la Universidad de Minnesota, los estadounidenses consideraban la atención médica como una de las problemáticas más importantes a solucionar. También sabemos que una aplastante mayoría de estadounidenses es partidaria de los sindicatos. O que opinaban que la «guerra contra el terror» había resultado un completo fracaso. A la luz de todo esto, ¿cuál es la mejor manera de entender la relación entre medios de comunicación, política y el público en la sociedad americana contemporánea?**

Ha quedado bien establecido que las campañas electorales están diseñadas de manera que se marginalizan las cuestiones problemáticas y se concentran en las personalidades, el estilo retórico, el lenguaje corporal y asuntos por el estilo. Las razones son obvias: los mánagers de los partidos leen las encuestas y son muy conscientes de que, frente a una multitud de problemáticas mayores, ambos partidos están mucho más a la derecha que la población, lo que no es ninguna sorpresa: al fin y al cabo, son partidos de negocios. Los sondeos demuestran que una gran mayoría de votantes no están de acuerdo, pero son las únicas opciones que se les ofrecen en el sistema electoral regido por los negocios, en el que el candidato más financiado casi siempre gana.

Del mismo modo, los consumidores deberían preferir un transporte de masas decente a la elección entre dos automóviles, pero esa no es una opción que los publicistas —ni, por supuesto, los mercados— contemplen. Los anuncios en la televisión no proporcionan información sobre los productos. Lo que proporcionan es más bien ilusión e imaginería. Las mismas firmas de relaciones públicas que hacen lo posible por erosionar los mercados mediante la desinformación de los consumidores —lo que asegura que estos escogen opciones irracionales, al contrario de lo que recomendarían las teorías económicas abstractas— son las que intentan erosionar, del mismo modo, la democracia. Y los gerentes de la industria son muy conscientes de todo esto. Figuras capitales han expresado su regocijo en la prensa financiera porque han colocado en el mercado candidatos como si de mercancías se tratara desde la era Reagan. Este es su principal éxito hasta ahora. Según prevén, este éxito servirá de modelo para ejecutivos empresariales y para la industria de la mercadotecnia en el futuro.

Ha mencionado la encuesta de Minnesota sobre atención médica. Es algo típico. Durante décadas, las encuestas han mostrado que la atención médica está a la cabeza, o cerca de ella, en cuanto a preocupación social. No es sorprendente, dado el fracaso desastroso del sistema de atención sanitaria, con costes per cápita del doble que en sociedades comparables y con algunos de los peores resultados. Las encuestas también muestran de manera consistente que una amplia mayoría desea un sistema nacionalizado, llamado de «pagador único», bastante parecido al sistema Medicare existente para los mayores, que es mucho más eficiente que los sistemas privatizados o el que introdujo Obama. En las pocas ocasiones en que se menciona algo en este sentido, se le llama «políticamente imposible» o se dice que «carece de apoyo político», lo que significa que las industrias aseguradoras y farmacéuticas, y otras que se benefician del sistema actual, se oponen. Obtuvimos una perspectiva interesante del funcionamiento de la democracia americana cuando en 2008, a diferencia de 2004, los candidatos demócratas —primero Edwards, y luego Clinton y Obama— daban un paso al frente con propuestas que por lo menos empezaban a acercarse a lo que el público había deseado durante décadas. ¿Por qué? No por un cambio en las actitudes del público, que permanecían constantes. Lo que ocurrió fue que la industria manufacturera había estado sufriendo por culpa del sistema privatizado de atención sanitaria, y por los enormes privilegios garantizados por ley para las industrias farmacéuticas. Cuando un sector amplio de capital concentrado favorece algún programa, se convierte en «políticamente posible» y tiene «apoyo político». Tan revelador como los hechos mismos es que no se les preste atención.

Esto mismo ocurre con otros muchos temas problemáticos, tanto en el plano nacional como en el internacional.

**La economía de Estados Unidos se está enfrentando a un sinfín de problemas, aunque los beneficios para los ricos y las empresas volvieron hace ya mucho tiempo a los niveles habituales antes de la crisis financiera de 2008. Pero hay un único problema en el que se fijan muchos expertos y analistas financieros, por ser el más crítico: el de la deuda gubernamental. Según los analistas al uso, la deuda americana ya está fuera de control, razón por la cual rechazan con vehemencia los paquetes de grandes estímulos económicos para impulsar el crecimiento, arguyendo que dichas medidas hundirían todavía más en la deuda a Estados Unidos. ¿Cuál sería el impacto previsible que una deuda en aumento tendría sobre la economía americana y sobre la confianza de inversores internacionales si se produce una nueva crisis financiera?**

Eso es algo que nadie sabe realmente. La deuda había llegado a ser mucho mayor en el pasado, sobre todo tras la Segunda Guerra Mundial. Pero eso pudo superarse gracias a un remarcable auge económico bajo el crecimiento de la economía de guerra parcialmente planificada. De manera que, por lo que sabemos, si los estímulos del Gobierno favorecieron el crecimiento económico, la deuda podría controlarse. Y también existen otros mecanismos, como la inflación. Pero el resto consiste en un juego de adivinanzas. Los principales financiadores —y concretamente China, Japón y los productores de petróleo— podrían decidir invertir sus fondos en otro lugar para obtener mayores beneficios. Pero los signos que hagan pensar en tales acontecimientos son escasos y no parecen muy previsibles. Los financiadores tienen un interés particular en sostener la economía de Estados Unidos para sus propias exportaciones. No existe un modo de hacer predicciones infalibles, pero parece claro que el mundo entero se encuentra en una situación de debilidad, por decirlo suavemente.

**En contraste con muchos otros, parece usted creer que Estados Unidos sigue siendo una superpotencia mundial desde el punto de vista económico, político y, por supuesto, militar, incluso después de la última crisis. Yo también soy de esta opinión, ya que el resto de las economías del mundo no solamente no están en condiciones de desafiar la hegemonía americana, sino que además miran a Estados Unidos como el salvador de la economía mundial. ¿Cuáles son en su opinión las ventajas competitivas que tiene el capitalismo americano sobre la economía de la Unión Europea y sobre las nuevas economías que emergen en Asia?**

La crisis financiera de 2007-2008 se originó en gran parte en Estados Unidos, pero sus mayores competidores —Europa y Japón— acabaron por sufrirla más severamente, y Estados Unidos siguió siendo la ubicación escogida por los inversores que buscaban seguridad en un momento de crisis. Las ventajas de Estados Unidos son sustanciales. Dispone de abundantes recursos internos. Está unificado, lo que constituye un factor importante. Hasta la Guerra Civil de 1860, el nombre «Estados Unidos» era plural (y lo sigue siendo en las lenguas europeas). Pero desde entonces pasó a ser un nombre singular en el inglés estándar. La política dictada en Washington por el poder del Estado y el capital concentrado rige en la totalidad del país. Esto, en Europa, es mucho más difícil de conseguir. Un par de años después de la erupción de la última crisis financiera mundial, el grupo de trabajo de la Comisión Europea publicó un informe en el que decía: «Europa necesita nuevos organismos para controlar el riesgo sistémico y para coordinar la visión de conjunto de las instituciones financieras en todo el mosaico supervisor de la región», a pesar de que el grupo de trabajo, dirigido por un antiguo gobernador del Banco Central francés, «se guardaba de sugerir un único perro guardián europeo», cosa de la que dispone Estados Unidos siempre que así lo desee. Para Europa, esta sería una «misión casi imposible», afirmó el director del equipo de trabajo. Diversos analistas, entre ellos el *Financial Times*, han descrito como políticamente imposible dicho objetivo, pues «va más allá de la autoridad que muchos estados miembros quieren ceder en este terreno». La unidad tiene otras muchas ventajas. Algunos de los efectos dañinos de la incapacidad europea para coordinar reacciones ante la crisis han sido objeto de debate entre los economistas europeos.

Las raíces históricas de estas diferencias entre Europa y Estados Unidos resultan familiares. Siglos de conflicto acabaron por imponer un sistema de naciones-estado en Europa, y la experiencia de la Segunda Guerra Mundial convenció a los europeos de la conveniencia de abandonar esa tradición de aniquilarse unos a otros, porque el siguiente intento iba a ser el último. Así tenemos eso que a los versados en ciencia política les gusta llamar «paz democrática», por mucho que no queda demasiado claro que la democracia tenga mucho que ver en el asunto. Estados Unidos, por el contrario, es un Estado de colonos y colonial que asesinó a la población indígena y que confinó a los remanentes en «reservas», mientras conquistaba la mitad de México y luego se expandía más allá. De una manera mucho más intensa que en Europa, se destruyó la rica diversidad interna. La Guerra Civil consolidó la autoridad central, lo mismo que la uniformidad en otros terrenos: la lengua nacional, los patrones culturales, grandes proyectos estatales y empresariales de ingeniería social como la suburbanización de la sociedad, el subsidio central masivo de industria avanzada por medio de la investigación y el desarrollo, el abastecimiento y otros dispositivos, y muchos más.

Las nuevas economías emergentes en Asia presentan problemas internos increíbles y desconocidos en Occidente. Sabemos más de India que de China, porque aquella es una sociedad más abierta. Hay razones que la colocan en el puesto 130 del Índice de Desarrollo Humano (en donde se encontraba antes de las reformas neoliberales). China se encuentra en el puesto 90, y el rango podría ser peor si se dispusiera de más información sobre ella. Esto es solo la punta del iceberg. En el siglo XVIII China e India eran los centros comerciales e industriales del mundo, con sistemas mercantiles sofisticados, niveles avanzados de sanidad en términos comparativos, etcétera. Pero la conquista imperial y las políticas económicas (intervención estatal para los ricos, pobres que tuvieron que tragarse los mercados libres) los dejaron en condiciones deplorables. Resulta notable que el único país del Sur Global que se desarrollara fuera Japón, el único país que no estaba colonizado. La correlación no es accidental.

**¿Estados Unidos sigue dictando la política del Fondo Monetario Internacional?**

Es difícil de decir, pero según lo entiendo se supone que los economistas del FMI son, y tal vez lo sean, de algún modo independientes de los políticos. En el caso de Grecia, y generalmente en el de la austeridad, los economistas se han rebelado con algunos escritos críticos sobre los programas de Bruselas, pero los políticos parecen ignorarlos.

**En la política exterior, la «guerra contra el terror» parece ser una empresa que nunca acaba y, como ocurre con el monstruo de la hidra, surgen dos nuevas cabezas cada vez que se corta una. Las intervenciones de fuerzas masivas, ¿pueden realmente acabar con organizaciones terroristas como el ISIS (también conocido como Daesh o ISIL)?**

Al mismo tiempo que tomaba posesión, Obama expandió las fuerzas de intervención e intensificó las guerras en Afganistán y Paquistán, tal como había prometido. También había opciones de paz, tal como se recomendaba incluso en los medios convencionales, como *Foreign Affairs*, por ejemplo. Pero no se tuvieron en cuenta. El primer mensaje a Obama del presidente Hamid Karzai, que quedó sin respuesta, fue una petición para que cesaran los bombardeos sobre civiles. Karzai también informó a una delegación de la ONU de que quería un calendario para la retirada de las tropas extranjeras (es decir, de Estados Unidos). Inmediatamente cayó en desgracia en lo que a Washington respecta, y pasó de ser un favorito de los medios de comunicación a ser tratado de «poco fiable», «corrupto», etcétera... Lo que no era más cierto entonces que cuando se le festejaba como «nuestro hombre» en Kabul. Obama envió más tropas y aumentó los bombardeos a ambos lados de la frontera afgano-paquistaní, la línea Durand, una frontera artificial establecida por los británicos que corta las áreas pastunes por la mitad y que el pueblo nunca ha aceptado. En el pasado Afganistán había presionado para que se borrara.

Este es el componente central de la «guerra contra el terror». Era seguro que estimularía más terror, tal como ocurrió con la guerra de Irak y tal como ocurre generalmente cuando se recurre a la fuerza. La fuerza puede triunfar. Buena prueba de ello es la propia existencia de Estados Unidos. Los rusos y Chechenia son otra prueba. Pero tiene que ser algo desbordante, y probablemente haya demasiados tentáculos como para exterminar al monstruo terrorista que en gran parte crearon Reagan y sus asociados, aunque luego fueron otros los que lo nutrieron. ISIS es el último, y resulta ser una organización mucho más brutal que Al-Qaeda. También es diferente en el sentido de que tiene reclamaciones territoriales. Podría ser aniquilado mediante el uso masivo de tropas terrestres, pero eso no acabaría con la emergencia de organizaciones de ideología similar. La violencia engendra violencia.

**Las relaciones de Estados Unidos con China han pasado por diferentes fases en las últimas décadas, y resulta difícil entender en qué punto están las cosas hoy en día. ¿Cree que las relaciones entre China y Estados Unidos van a mejorar, o bien se deteriorarán?**

Estados Unidos mantiene una relación de amor-odio con China. Los salarios de miseria chinos, las condiciones de trabajo y la falta de compromisos medioambientales son de gran ayuda para los fabricantes estadounidenses y occidentales, que externalizan operaciones allá, y para el gran comercio minorista, que puede obtener bienes baratos. Y Estados Unidos ahora se apoya en China, Japón y otros para sostener su propia economía. Pero China también plantea problemas. No se deja intimidar con facilidad. Cuando Estados Unidos levanta el dedo para indicar a los europeos que dejen de hacer negocios con Irán, la mayor parte cumple. Pero China sigue a lo suyo. Y eso resulta aterrador. Llevamos muchos años imaginando peligros chinos. Y continuamos imaginándolos.

**¿Piensa que China estará pronto en una posición que suponga una amenaza para los intereses globales de Estados Unidos?**

De entre los grandes poderes, China ha sido el más reservado a la hora de utilizar la fuerza, incluso en los preparativos militares. Tanto es así que destacados analistas estratégicos estadounidenses (John Steinbrunner y Nancy Gallagher, que escriben en la revista de la más que respetable Academia Americana de las Artes y de las Ciencias) convocaron a China hace algunos años para que liderara una coalición de naciones amantes de la paz, opuesta al agresivo militarismo americano que, según creen, nos está llevando a la «condena final». Las señales de cambio a este respecto son pocas. Pero China no sigue órdenes y va dando pasos para lograr el acceso a la energía y a otros recursos en todo el mundo. Eso sí que constituye una amenaza.

**Las relaciones entre India y Paquistán constituyen claramente un desafío para la política exterior americana. ¿Puede Estados Unidos mantener esa situación bajo control?**

Hasta un cierto punto. Y la situación es muy volátil. En Cachemira se suceden los episodios violentos, con el terror estatal ejercido por India y con los terroristas con base en Paquistán. Y todavía hay mucho más, como demuestran los recientes atentados en Bombay. También se ofrecen posibles maneras de reducir las tensiones. Una sería el oleoducto proyectado hasta la India a través de Paquistán y desde Irán, la fuente de energía natural para India. Es de suponer que la decisión de Washington de minar el Tratado de No Proliferación Nuclear al garantizar el acceso de India a la tecnología nuclear venga motivada en parte por la esperanza de socavar esta opción y atraer a India en la campaña de Washington contra Irán. También puede tener que ver con Afganistán, en donde se ha hablado de un oleoducto (TAPI) desde Turkmenistán a través de Afganistán hasta Paquistán y luego hasta India. No parece que sea un tema muy vigente, pero muy posiblemente volverá a hablarse de él. El «gran juego» del siglo XIX sigue vivito y coleando.

**En muchos círculos se tiene la impresión de que el grupo de presión israelí es quien lleva la voz cantante en la política exterior estadounidense en Oriente Medio. Realmente, ¿el poder de este grupo de presión es tan grande como para dominar a una superpotencia?**

Mi amigo Gilbert Achcar, un especialista renombrado en Oriente Medio y sobre temas internacionales en general, describe esta idea como «fantasmagórica». Así de claro. Quien intimida a la industria de alta tecnología americana para que amplíe sus inversiones en Israel no es el grupo de presión, como tampoco es quien le tuerce el brazo al Gobierno americano para que realice allá el acopio preventivo de suministros destinados a posteriores operaciones militares, o para intensificar el acercamiento en relaciones militares y de inteligencia.

Cuando los objetivos del grupo de presión coinciden con lo que se percibe como intereses económicos y estratégicos estadounidenses, generalmente se sale con la suya: el estrujamiento de los palestinos, por ejemplo, un asunto que no puede representar una gran preocupación para el poder estatal-empresarial de Estados Unidos. Pero cuando los objetivos divergen, como sucede a menudo, el grupo de presión desaparece rápidamente, pues saben muy bien que no hay que enfrentarse al auténtico poder.

**Coincido plenamente con este análisis, pero creo que usted también coincidirá conmigo en que el grupo de presión israelí es lo bastante influyente y en que las críticas a Israel siguen causando reacciones histéricas en Estados Unidos, como sabe muy bien, pues durante muchos años usted ha estado en el punto de mira de los sionistas de derechas. ¿A qué**

**debemos atribuir esta intangible influencia del grupo de presión israelí sobre la opinión pública americana?**

Todo esto es muy cierto, aunque no tanto en los años recientes. No se trata realmente de un poder sobre la opinión pública. Si se hacen números, se comprobará que el mayor apoyo con mucho de las acciones de Israel es independiente del grupo de presión, puesto que proviene de los fundamentalistas religiosos cristianos. El sionismo británico y americano precedió al movimiento sionista, basado en interpretaciones providencialistas de profecías bíblicas. La población en general apoya la solución para los dos Estados, y sin duda no es consciente de que Estados Unidos ha estado bloqueándola unilateralmente. Entre los sectores más formados, entre ellos los intelectuales judíos, el interés en Israel brillaba por su ausencia antes de su gran victoria militar de 1967, que realmente estableció la alianza EE. UU.-Israel. Eso llevó a una gran historia de amor con Israel por parte de las clases mejor formadas. La proeza militar israelí y la alianza EE. UU.-Israel representaron una irresistible tentación de combinar el apoyo a Washington con el culto al poder y los pretextos humanitarios. Pero, para ponerlo en perspectiva, las reacciones a las críticas por los crímenes de Estados Unidos son por lo menos igual de extremas, por no decir más. Si hago un recuento de las amenazas de muerte que he recibido a lo largo de los años, o de las diatribas en las publicaciones de opinión, Israel queda lejos de ser el motivo principal. Ese fenómeno no se circunscribe a Estados Unidos. A pesar de todo el autoengaño, Europa occidental no es muy diferente en este sentido... Aunque, naturalmente, está más abierta a criticar las acciones de Estados Unidos. Los crímenes de los demás suelen ser bienvenidos, pues ofrecen oportunidades para posicionarse sobre los profundos compromisos morales de cada uno.

**Bajo Erdogan, Turquía asiste a un proceso de despliegue de una estrategia neo-otomana hacia Oriente Medio y Asia central. ¿El despliegue de esta gran estrategia tiene lugar con la colaboración o con la oposición de Estados Unidos?**

Turquía ha sido, por supuesto, una aliada muy significativa de Estados Unidos, hasta tal punto que durante la administración Clinton se convirtió en la principal receptora de armamento americano (después de Israel y Egipto, en una categoría diferente). Clinton inundó Turquía de armas como ayuda para llevar a cabo una gran campaña de asesinato, destrucción y terror sobre la minoría kurda. Turquía también ha sido un aliado mayor de Israel desde 1958, como parte de una alianza general de estados no árabes, bajo la égida de EE. UU., con la tarea de asegurar el control sobre las mayores fuentes de energía del mundo por medio de la protección de los dictadores gobernantes contra el denominado «nacionalismo radical», un eufemismo para referirse a los pueblos. Las relaciones entre Estados Unidos y Turquía a veces han sido tensas. Esto fue particularmente cierto en la preparación de la invasión americana de Irak, cuando el Gobierno turco, inclinándose a la voluntad del 95 por ciento de su población, rechazó unirse a ella. Esto causó un gran enfado en Estados Unidos. Enviaron a Paul Wolfowitz para que el Gobierno desobediente rectificara y se disculpara ante Estados Unidos. Estos acontecimientos tan bien publicitados no mellaron la reputación de Wolfowitz entre los medios de comunicación liberales como «idealista jefe» de la administración Bush, dedicado en cuerpo y alma a la promoción de la democracia. Las relaciones siguen siendo en cierta medida tensas hoy, aunque la alianza se mantiene en su sitio. Turquía tiene relaciones naturales potenciales con Irán y con Asia central, y puede verse inclinada a cimentarlas, lo que tal vez volvería a tensar la cuerda con Washington. Pero no parece ser el caso, por el momento.

**En el frente occidental, los planes para la expansión hacia el este de la OTAN, que se iniciaron en la era de Bill Clinton, ¿siguen vigentes?**

En mi opinión, uno de los mayores delitos de Clinton —y hubo muchos— fue el de expandir la OTAN hacia el este, en flagrante violación de un acuerdo firmado con Gorbachov por sus predecesores cuando este permitió sorprendentemente que la Alemania unida se uniera a una alianza militar hostil. Estas provocaciones tan serias siguieron adelante con Bush, junto con una postura de militarismo agresivo, y, tal como era previsible, provocaron fuertes reacciones por parte de Rusia. Pero los límites americanos ya estaban colocados en las fronteras rusas.

**¿Qué piensa de la Unión Europea? Sigue siendo una pionera para el neoliberalismo y difícilmente un baluarte para la agresión de Estados Unidos. ¿Pero percibe algún signo de que en algún momento pueda surgir como una actriz constructiva e influyente en el escenario mundial?**

Sí que podría. Pero es una decisión que tienen que tomar los europeos. Algunos habían favorecido que mantuviera una postura independiente, como sobre todo De Gaulle. Pero en general las élites europeas han preferido la pasividad y seguir tras los pasos de Washington.

# Horror indescriptible: la última fase de la «guerra contra el terror»*

**C. J. Polychroniou: Me gustaría empezar escuchando lo que piensa sobre los últimos acontecimientos en la guerra contra el terrorismo, una política que se remonta a los años Reagan y que subsiguientemente se convirtió en una doctrina de «cruzada» islamofóbica con George W. Bush, con un coste simplemente inestimable en cuanto a vidas humanas inocentes y con efectos sorprendentemente profundos para el derecho internacional y para la paz mundial. La guerra contra el terrorismo parece entrar en una nueva y tal vez más peligrosa fase, pues otros países han saltado a la palestra y tienen agendas políticas y prioridades diferentes a las de Estados Unidos y algunos de sus aliados. Primero, ¿se identifica con la descripción que acabo de hacer? De ser así, ¿cuáles podrían ser las consecuencias económicas, sociales y políticas de una guerra global y permanente contra el terror, en particular en las sociedades occidentales?**

Noam Chomsky: Las dos fases de la «guerra contra el terror» son bastante diferentes, excepto en un aspecto crucial. La guerra de Reagan se convirtió muy rápidamente en guerras terroristas asesinas, y posiblemente por esta razón se la da por «desaparecida». Esas guerras terroristas tuvieron consecuencias terri-

* Publicado originalmente en *Truthout*, 3 de diciembre de 2015.

bles para Centroamérica, África meridional y Oriente Medio. Centroamérica, el objetivo más directo, todavía tiene que recuperarse, lo que es una de las razones principales (raramente mencionada) de la crisis de refugiados actual. Lo mismo es cierto para la segunda fase, declarada de nuevo veinte años después, en 2001. La agresión directa devastó amplias zonas, y el terror ha ido tomando nuevas formas, sobre todo con la campaña mundial de asesinatos (drones) llevada a cabo por Obama. Con esta se rompieron récords en los anales del terrorismo y, como muchos otros ejercicios de este mismo estilo, probablemente genera más terroristas devotos que los sospechosos a los que mata.

El objetivo de la guerra de Bush era Al Qaeda. Martillazo tras martillazo (Afganistán, Irak, Libia y más allá), consiguió extender el terror yihadista desde una pequeña área tribal en Afganistán hasta virtualmente todo el planeta, desde el África occidental a través de todo el Levante y hasta el Sudeste asiático. Uno de los grandes logros históricos de la política. Entretanto, Al Qaeda se ha visto desplazada por elementos mucho más violentos y destructivos. En el momento actual, el ISIS ostenta el récord de brutalidad monstruosa, pero otros aspirantes al título están por darle alcance. El analista militar Andrew Cockburn ha estudiado esta dinámica, que se remonta a años atrás, en su libro *Kill Chain*. En él documenta cómo cuando matas a un líder sin tener en cuenta las raíces y las causas del fenómeno, lo sustituye muy deprisa alguien más joven, más competente y más violento.

Una consecuencia de estos éxitos es que la opinión mundial considera por un amplio margen que Estados Unidos es la mayor amenaza para la paz. Mucho más atrás, en segundo lugar, está Paquistán, aunque es de suponer que los datos queden distorsionados por el voto indio. Con más triunfos como estos que ya se han registrado, podrían crear una guerra todavía más amplia contra un mundo musulmán inflamado mientras las sociedades occidentales se someterían a la represión interna y recortarían los derechos civiles y gemirían bajo la carga de grandes gastos, con lo que se cumplirían los sueños más desbocados de Osama bin Laden... y los que el ISIS pueda tener hoy.

**En las discusiones de la política americana en torno a la «guerra contra el terror», la diferencia entre operaciones abiertas y encubiertas está muy lejos de desaparecer. Entretanto, la identificación de grupos terroristas y la selección de actores o Estados que apoyen el terrorismo no solamente parece totalmente arbitraria, sino que en algunos casos incluso los culpables identificados hacen que nos planteemos la pregunta: La «guerra contra el terror», ¿es en realidad una guerra contra el terrorismo, o más bien es una pantalla de humo para justificar políticas de conquista mundial? Por ejemplo, mientras que Al Qaeda y el ISIS son innegablemente organizaciones terroristas y asesinas, el hecho de que aliados de Estados Unidos como Arabia Saudí y Qatar, e incluso países miembros de la OTAN como Turquía, hayan apoyado activamente al ISIS es algo que se ignora, o bien se le quita importancia, tanto por parte de los políticos estadounidenses como de los medios de comunicación al uso. ¿Qué comentaría sobre este asunto?**

Lo mismo podría decirse de las versiones de Reagan y de Bush de la «guerra contra el terror». Para Reagan, se trataba de un pretexto para intervenir en Centroamérica, en lo que el obispo de El Salvador Rivera y Damas, que sucedió al asesinado arzobispo Óscar Romero, describió como «una guerra de exterminio y genocidio contra una población civil indefensa». En Guatemala fue incluso peor, y en Honduras, horroroso. Nicaragua fue el único país que tenía un ejército para defenderse de los terroristas de Reagan. En los demás países, las fuerzas de seguridad eran los terroristas.

En África meridional, la «guerra contra el terror» proporcionó el pretexto para apoyar los crímenes sudafricanos, tanto los perpetrados en el propio país como los de la región, con un número de víctimas tremendo. Después de todo, teníamos que defender la civilización de «uno de los grupos terroristas más notorios» en el mundo: el Congreso Nacional Africano de Nelson Mandela. El mismo Mandela estuvo en las listas de terroristas de EE. UU. hasta 2008. En Oriente Medio, el concepto de «guerra contra el terror» llevó al apoyo de la invasión asesina que Israel llevó a cabo sobre el Líbano, y mucho más. Con Bush se convirtió en un pretexto para invadir Irak. Y así continúa.

Lo que ocurre en la historia de terror siria desafía cualquier descripción. Las fuerzas terrestres principales que se oponen al ISIS parecen ser los kurdos, lo mismo que en Irak, en donde estos constan en la lista de terroristas de Estados Unidos. En ambos países son el objetivo principal del asalto de Turquía, nuestra aliada en la OTAN, que también apoya al afiliado de Al Qaeda en Siria, el Frente Al Nusra. Este último no parece diferenciarse demasiado del ISIS, aunque las dos organizaciones se disputan el jardín. El apoyo turco a Al Nusra es tan extremo que según parece los extremistas recibieron el aviso de la llegada de varias decenas de luchadores enviados y entrenados por el Pentágono, y así pudieron eliminarlos inmediatamente. Tanto Al Nusra como sus aliados cercanos de Ahrar al-Sham reciben el apoyo de aliados de Estados Unidos como Arabia Saudí y Qatar, y por lo que parece pueden estar recibiendo armamento avanzado. Efectivamente, según los informes, utilizan armamento antitanque TOW proporcionado por la CIA para infligir severas derrotas al ejército de Al Asad, con lo que posiblemente obligarían a los rusos a intervenir. Turquía parece seguir permitiendo el flujo de yihadistas hacia el ISIS a través de su frontera.

Arabia Saudí en concreto ha sido un gran apoyo para los movimientos yihadistas extremistas durante años, no solamente con la financiación, sino también con la difusión de las doctrinas radicales islamistas wahabistas por medio de las escuelas coránicas, las mezquitas y los clérigos. Lleva razón Patrick Cockburn, corresponsal en Oriente Medio, cuando describe la «wahabización» del islam sunita como uno de los factores más peligrosos de esta época. Arabia Saudí y los Emiratos disponen de enormes y avanzadas fuerzas militares, pero apenas se implican en la guerra contra el ISIS. Donde sí que operan es en Yemen: allí están creando una catástrofe humanitaria mayor y es muy probable, puesto que ya ha ocurrido antes, que generen a futuros terroristas a los que tendremos que neutralizar en nuestra «guerra contra el terror». Entretanto, región y pobladores sufren la devastación.

Para Siria la única esperanza parecen ser las negociaciones entre los muy diversos elementos involucrados, ISIS excluido. Pero incluyendo a gente realmente espantosa, como el presidente sirio Bashar al Asad, quien no va a suicidarse voluntariamente y, por tanto, si es que la espiral hacia el suicidio nacional se detiene, va a tener que tomar parte en las negociaciones. Finalmente, se han dado pasos vacilantes en esta dirección en Viena. Sobre el terreno se pueden hacer más cosas, pero se impone un viraje hacia la diplomacia.

**El papel de Turquía en la llamada «guerra global contra el terrorismo» tiene que verse como el gesto más hipócrita de los anales modernos de la diplomacia, y Vladímir Putin no midió sus palabras tras el derribo del caza ruso: los llamó «cómplices de los terroristas». El petróleo es la razón por la que Estados Unidos y sus aliados occidentales hacen la vista gorda ante cierto apoyo a organizaciones terroristas como el ISIS por parte de las naciones del Golfo. ¿Pero por qué razón se tolera el apoyo de Turquía al terrorismo fundamentalista islámico?**

Turquía siempre ha sido un aliado importante de la OTAN de gran significancia estratégica. Durante toda la década de 1990, cuando Turquía llevaba a cabo una de las mayores atrocidades de la época en su guerra contra la población kurda, se convirtió en la principal receptora de armamento americano (aparte de Israel y Egipto, que forman una categoría aparte). Esta relación ha pasado por momentos tensos, como en 2003, cuando el Gobierno adoptó la posición del 95 por ciento de la población y rechazó unirse al ataque de Estados Unidos sobre Irak. Se condenó amargamente a Turquía por este fallo a la hora de entender el significado de la palabra «democracia». Pero en general la relación se ha mantenido en la cercanía. Recientemente, Estados Unidos y Turquía llegaron a un acuerdo en la guerra contra el ISIS: Turquía garantizaba a Estados Unidos el acceso a las bases del ISIS cercanas a Siria y, a cambio, prometía atacar al ISIS, pero en lugar de eso atacaba a sus enemigos kurdos.

**Aunque esta no sea la visión más común, Rusia, a diferencia de Estados Unidos, parece contenerse cuando se trata de utilizar la fuerza. Asumiendo que esta sea también su opinión, ¿por qué cree que es así?**

Son la parte más débil. Los rusos no tienen ocho mil bases militares repartidas por todo el mundo, ni podrían intervenir en todas partes como ha hecho Estados Unidos a lo largo de los años, ni podrían emprender campañas de asesinato mundial como las que capitaneó Obama. Y durante toda la guerra fría ocurrió lo mismo. Podían usar la fuerza militar en las proximidades de su frontera, pero no tenían posibilidades de llevar a cabo nada semejante a las guerras de Indochina, por ejemplo.

**Se diría que Francia se ha convertido en un objetivo preferido para los terroristas fundamentalistas islámicos. ¿Qué explicación tiene esto?**

Actualmente mueren muchos más africanos a manos del terrorismo islámico. De hecho, Boko Haram ocupa un lugar más preeminente que el ISIS como organización terrorista mundial.[1] En Europa, Francia ha sido el objetivo principal, en gran parte por razones que se remontan a la guerra de Argelia.

**El terrorismo islámico fundamentalista que promueve el ISIS ha sido condenado por organizaciones como Hamás o Hezbolá. ¿Qué diferencia al ISIS de otras organizaciones que reciben la denominación de «terroristas» y qué persigue realmente esta organización?**

Tenemos que ir con cuidado sobre lo que llamamos «organizaciones terroristas». Los partisanos antinazis utilizaron el terror. Lo mismo que el ejército de George Washington: tanto fue así, que gran parte de la población huía despavorida, por no hablar de la indígena, para quien era «el destructor de pueblos». Es difícil encontrar un movimiento de liberación nacional que no haya utilizado el terror. Hezbolá y Hamás se formaron como respuesta a la ocupación y agresión israelí. Pero sean cuales sean los criterios que utilicemos, el ISIS es diferente. Intenta conquistar un terreno en el que mandar y establecer un califato islámico. Eso lo diferencia de los demás.

**Tras la masacre de París de noviembre de 2015, Obama afirmó en una conferencia conjunta con el presidente francés François Hollande que «el ISIS debe ser destruido». ¿Cree que eso es posible? Si lo es, ¿cómo? Y si no lo es, ¿por qué no?**

Está claro que Occidente sí que tiene la capacidad de aniquilar a todo el mundo en las áreas controladas por el ISIS, pero ni siquiera así se destruiría al ISIS o, más probablemente, al movimiento todavía más violento que se desarrollaría en su lugar por la dinámica que mencionaba antes. Uno de los objetivos del ISIS es arrastrar a los «cruzados» a una guerra con todos los musulmanes. Podemos contribuir a esta catástrofe, o podemos intentar dirigirnos a las raíces del problema y ayudar a establecer condiciones bajo las cuales la monstruosidad del ISIS quede superada por las fuerzas de la propia región.

La intervención extranjera ha sido una maldición durante mucho tiempo y lleva las trazas de seguir siéndolo. También existen propuestas inteligentes sobre cómo proceder en esta deriva, como por ejemplo la de William Polk, un gran erudito en Oriente Medio con una experiencia muy rica no solamente en la región, sino también en los escalafones más altos de la planificación gubernamental de Estados Unidos.[2] Recibe un apoyo sustancial por parte de las investigaciones más rigurosas con respecto al ISIS, sobre todo las de Scott Atran. Desgraciadamente, las posibilidades de que este consejo se siga son escasas.

**La política económica de guerra americana parece estructurada de manera que las guerras aparecen como casi inevitables, y el presidente Dwight Eisenhower parecía ser consciente de ello cuando nos advirtió en su discurso de despedida de los peligros de un complejo militar-industrial. Según su**

**punto de vista, ¿cómo podría lograrse que Estados Unidos se apartara del patrioterismo militarista?**

Es cierto que algunos sectores de la economía se benefician del «patrioterismo militarista», pero no creo que sea esta su motivación principal. Hay consideraciones económicas geoestratégicas e internacionales de gran importancia. Se habló de los beneficios económicos —solamente un factor— en términos muy interesantes en la prensa financiera en el período inmediatamente posterior a la Segunda Guerra Mundial. Ellos entendían que el gasto masivo del Gobierno había rescatado al país de la Depresión, y representaba una gran preocupación que se recortara, pues el país podría volver a hundirse. En un coloquio informativo, en *Business Week* (12 de febrero de 1949), se reconocía que el gasto social podría tener el mismo efecto estimulante que el gasto militar, pero se observaba que para los hombres de negocios «existe una tremenda diferencia social y económica entre el estímulo del bienestar y el estímulo militar». Este último «no altera necesariamente la estructura de la economía». Para el hombre de negocios pertenece simplemente a otro orden de cosas. Pero el gasto en obra pública y en bienestar «sí que altera la economía. Crea nuevos canales por su cuenta. Crea nuevas instituciones. Redistribuye los ingresos». Y podríamos añadir más. El gasto militar apenas involucra al público, pero el gasto social sí que lo hace, y tiene un efecto democratizador. Por estas razones se prefiere con mucho el gasto militar.

**Si llevamos un poco más allá esta cuestión de la relación entre la cultura política americana y el militarismo, con el aparente declive de la supremacía americana en el escenario global, ¿es más o menos probable que los futuros presidentes de Estados Unidos sean belicistas?**

Estados Unidos alcanzó la cima de su poder tras la Segunda Guerra Mundial, pero el declive se produjo muy pronto, primero con la «pérdida de China» y luego con la revitalización de otros poderes industriales y con el devenir agonizante de la descolonización, y en años más recientes con otras formas de diversificación del poder. Las reacciones pueden producirse de diversas maneras. Una es el triunfalismo y la agresividad al estilo Bush. Otra es el estilo Obama, con su reticencia a la hora de recurrir a fuerzas terrestres. Y las posibilidades no acaban aquí. El sentimiento popular no puede dejarse de lado, y ahí sí que podemos tener esperanzas de incidir.

**¿Cree que la izquierda tiene que apoyar a Bernie Sanders cuando acuda al congreso del Partido Demócrata?**

Creo que sí. Su campaña ha tenido un efecto saludable. Ha levantado la voz sobre temas importantes que de otra manera se dejan de lado y ha facilitado una tenue deriva progresista por parte de los demócratas. No hay demasiadas probabilidades de que salga elegido en nuestro sistema de elecciones compradas, y si lo lograra le resultaría extremadamente difícil efectuar cualquier cambio de política significativo. Los republicanos no van a desaparecer, y gracias a la distribución arbitraria y otras tácticas es posible que por lo menos controlen la Cámara, tal y como han hecho con una minoría de votos durante algunos años, y lo más probable es que tengan una posición fuerte en el Senado. Se puede contar con un bloqueo por parte de los republicanos de cualquier paso, por pequeño que sea, en una dirección progresiva, por racional que sea. Es importante reconocer que ya no son un partido político normal.

Tal como han reconocido respetados analistas del conservador American Enterprise Institute, el anterior Partido Republicano es ahora una «insurgencia radical» que ha abandonado en gran parte la política parlamentaria por razones muy interesantes en las que no podemos detenernos aquí. Los demócratas también se han desplazado hacia la derecha, y sus elementos nucleares no se diferencian demasiado de los propios de los republicanos moderados en años anteriores, por mucho que algunas de las políticas de Eisenhower lo colocarían en el lugar que ahora ocupa Sanders en el espectro político. Por lo tanto, lo más probable es que Sanders disponga de escaso apoyo congresual, y a nivel estatal tendría poco.

No hace falta decir que las hordas de los grupos de presión y los donantes ricos difícilmente serán aliados. Los pasos ocasionales de Obama en una dirección progresista se vieron bloqueados en la mayoría de los casos, aunque tal vez se dieran otros factores, como el racismo. En otros términos, no resulta fácil dar cuenta de la ferocidad y el odio que concitó. Pero, en general, si se diera el caso poco probable de que Sanders saliera elegido, tendría las manos atadas... A menos, eso sí, que los movimientos populares de masas se desarrollaran, creando una ola a la que él podría subirse y que podría (y debería) impulsarlo más allá del lugar que de otro modo ocupará.

Esto nos lleva, en mi opinión, a la parte más importante de la candidatura de Sanders. Ha movilizado a un gran número de personas. Si estas fuerzas pueden mantenerse tras las elecciones, en lugar de disolverse una vez que acabe el derroche, podrían convertirse en el tipo de fuerza natural que el país necesita con tanta urgencia si quiere lidiar de manera constructiva con los enormes desafíos que el futuro plantea.

Los comentarios que preceden se relacionan con la política doméstica, puesto que se ha concentrado en este campo. En cuanto a sus concepciones y propuestas de política exterior, me parecen en gran parte convencionales y propias de los demócratas liberales. No se propone nada particularmente novedoso, por lo que veo, y se incluyen conclusiones que deberían cuestionarse seriamente.

**Una pregunta final: ¿Qué les diría a los que sostienen que acabar con la «guerra contra el terror» es algo infantil y descaminado?**

Simplemente, les preguntaría: ¿Por qué? Y una pregunta todavía más importante: ¿Por qué creéis que Estados Unidos tiene que seguir con esa contribución tan importante al terrorismo mundial, disfrazándola de «guerra contra el terror»?

# El imperio del caos

**C. J. POLYCHRONIOU: Se ha demostrado que las intervenciones militares americanas en el siglo XXI (por ejemplo, Afganistán, Irak, Libia, Siria) son un auténtico desastre, pero en cambio los términos en el debate sobre la intervención todavía tienen que reescribirse entre los hacedores de guerras de Washington. ¿Qué explicación tiene esto?**

NOAM CHOMSKY: En parte responde al viejo dicho: cuando solamente tienes un martillo, todo te parecen clavos. La ventaja comparativa de Estados Unidos está en la fuerza militar. Cuando falla una forma de intervención, la doctrina y la práctica pueden revisarse con nuevas tecnologías, mecanismos y todo el resto. Hay alternativas, como el apoyo a la democratización (en la realidad, no retóricamente). Pero las consecuencias probables no son deseables para Estados Unidos. Así, cuando EE. UU. apoya a la «democracia», se trata de formas de democracia en sentido descendente, en las que las élites tradicionales relacionadas con Estados Unidos permanecen en el poder, citando al principal erudito de la «promoción de la democracia», Thomas Carothers, que fue funcionario de Reagan y es un firme defensor de dicha promoción, pero que reconoce, tristemente, la realidad.

**Según algunas opiniones, las guerras de Obama son muy diferentes, tanto en estilo como en esencia, a las de su predecesor, George W. Bush. ¿Tienen alguna validez estas afirmaciones?**

Bush dependía de una violencia militar al estilo *shock-and-awe* («pavor y destrucción»), que demostró ser desastrosa para las víctimas y llevó a serias derrotas para Estados Unidos. Obama utiliza estrategias diferentes, primordialmente la campaña mundial de asesinatos con drones, que bate récords en terrorismo internacional, y operaciones de las fuerzas especiales, que a estas alturas se desarrollan en casi todo el mundo. Nick Turse, el principal investigador en la materia, informaba recientemente de que las fuerzas de élite americanas están «desplegadas en 147 países en 2015, una cifra récord».[3]

**La desestabilización y lo que denomino «creación de agujeros negros» son los principales objetivos del Imperio del Caos en Oriente Medio y en todas partes, pero también está claro que Estados Unidos navega en un mar turbulento y sin sentido de la orientación y, de hecho, sin tener ni idea de lo que será necesario hacer una vez que esa tarea de destrucción se haya completado. ¿Hasta qué punto esto es debido al declive de Estados Unidos como hegemonía global?**

El caos y la desestabilización son reales, pero no creo que ese sea el objetivo. Es más bien una consecuencia de golpear sistemas frágiles que uno no comprende con el martillo como herramienta principal, tal como se ha hecho en Irak, Libia, Afganistán y demás países. En cuanto al declive continuado del poder hegemónico de Estados Unidos (en realidad, desde 1945, con algunos altibajos), eso tiene consecuencias en la escena mundial del momento. Piense, por ejemplo, en la suerte de Edward Snowden. Se sabe que cuatro países latinoamericanos le ofrecieron asilo, dado que ya no tenían miedo del látigo de Washington. Ningún poder europeo estaría dispuesto a enfrentarse a la ira americana. Ahí tiene la muestra de un debilitamiento muy significativo del poder de Estados unidos en el hemisferio occidental.

Sin embargo, dudo que el caos en Oriente Medio tenga que ver sustancialmente con este factor. Una consecuencia de la invasión americana de Irak fue la de avivar los conflictos sectarios que están destruyendo Irak y que ahora están haciendo pedazos toda esa región. El bombardeo a Libia, iniciado por Europa, creó un desastre allí, un desastre que se ha extendido mucho más allá, con flujo de armas y estimulación de crímenes yihadistas. Y los efectos de la violencia extranjera no se acaban aquí. También se dan los factores internos. Creo que el corresponsal en Oriente Medio Patrick Cockburn acierta cuando afirma que la «wahabización» del islam sunita es uno de los factores más peligrosos de esta época. Hoy por hoy, muchos de los problemas más terribles parecen virtualmente irresolubles, como la catástrofe siria, en donde el único hilo de esperanza depende de algún tipo de acuerdo negociado hacia el que los poderes involucrados parecen irse inclinando muy despacio.

**Rusia también está provocando destrucción en Siria. ¿Con qué propósito? Por otra parte, ¿representa Rusia una amenaza para los intereses estadounidenses en la zona?**

Evidentemente, la estrategia de Rusia consiste en mantener al régimen de Al Assad, y eso se consigue realmente «haciendo que llueva destrucción», sobre todo atacando las fuerzas yihadistas apoyadas por Turquía, Arabia Saudí y Qatar, y hasta cierto punto por Estados Unidos. Un artículo reciente en el *Washington Post* sugería que las armas de alta tecnología que la CIA había proporcionado a estas fuerzas (misiles antitanque TOW incluidos) habían inclinado la balanza militar en contra de Al Assad y se habían convertido en un factor de atracción para los rusos. Tenemos que tener cuidado con lo que hacemos «en interés de EE. UU.». Los intereses del poder americano y los del pueblo de Estados Unidos a menudo son diferentes, y en otros muchos casos ocurre lo mismo. El interés oficial de Estados Unidos es eliminar a Al Assad, y naturalmente el apoyo a este por parte de los rusos supone una amenaza. Y la confrontación no solamente es perjudicial, o incluso catastrófica, para Siria, sino que además supone un riesgo de escalada accidental que todavía lo empeoraría mucho más.

**¿El ISIS es un monstruo creado por Estados Unidos?**

Una reciente entrevista con Graham Fuller, el prominente analista de Oriente Medio, lleva este titular: «Antiguo funcionario de la CIA afirma que la política de EE. UU. ayudó a crear el Estado Islámico.» Lo que Fuller dice, creo que correctamente, es:

> Creo que Estados Unidos es uno de los creadores clave de esta organización. No es que Estados Unidos planificara su formación, pero sus intervenciones destructivas en Oriente Medio y la guerra en Irak fueron las causas básicas de la formación del ISIS. Recordará que el punto inicial de esta organización era protestar contra la invasión americana de Irak. En esos días la apoyaban también muchos sunitas no islamistas, por su oposición a la ocupación de Irak. Creo que incluso hoy el ISIS (ahora Estado Islámico) recibe el apoyo de muchos sunitas que se sienten aislados por el Gobierno chiita en Bagdad.

El establecimiento del dominio chiita fue una consecuencia directa de la invasión americana, una victoria para Irán y un elemento de la remarcable derrota de Estados Unidos en Irak. Así que, para responder a la pregunta, la agresión americana fue un factor en el auge del ISIS, pero no suscribiría las teorías conspirativas que circulan en la zona, según las cuales Estados Unidos planificó el surgimiento de esta extraordinaria monstruosidad.

**¿Cómo explicar la fascinación que ejerce una organización completamente bárbara y salvaje como el Estado Islámico para muchos jóvenes musulmanes que viven en Europa?**

Este tema en concreto ha sido objeto de cuidadoso estudio por Scott Atran, entre otros. El atractivo principal parecen sentirlo los jóvenes que viven en condiciones de represión y humillación, con pocas esperanzas y pocas oportunidades, y que buscan algún objetivo en la vida que les aporte dignidad y autorrealización. En este caso, mediante el establecimiento de un Estado islámico utópico que se levante contra siglos de subyugación y destrucción por parte del poder imperial occidental. Por otra parte, aparece también la presión de grupo: los compañeros de un mismo club de fútbol, etcétera. La naturaleza claramente sectaria de los conflictos regionales, sin duda, es otro factor: no se trata solamente de la «defensa del islam», sino de defenderlo de los apóstatas chiitas. Es un escenario realmente feo y peligroso.

**La administración Obama ha mostrado poco interés en reevaluar la relación de Estados Unidos con regímenes autoritarios y fundamentalistas en lugares como Egipto y Arabia Saudí. ¿Acaso la promoción de la democracia es un elemento completamente impostado en la política exterior americana?**

Sin duda hay individuos como Thomas Carothers, a quien he mencionado anteriormente, que realmente se dedica a promocionar la democracia, y eso desde el Gobierno: estaba involucrado en la «promoción democrática» del Departamento de Estado de Reagan. Pero la experiencia demuestra con rotundidad que apenas constituye un elemento en la política, y que la democracia a menudo se considera una amenaza. Y con razón, por otra parte, cuando comprobamos cuál es la opinión popular. Mencionaré solamente un ejemplo obvio: los sondeos sobre la opinión internacional que llevó a cabo la principal agencia americana, WIN/Gallup. En ellos se muestra que Estados Unidos se ve como la mayor amenaza para la paz mundial, y por un margen enorme, con Paquistán en segundo lugar (y presumiblemente en este caso los datos estén distorsionados por los votos indios). Los sondeos que se llevaron a cabo en Egipto en las vísperas de la Primavera Árabe revelaron un apoyo considerable hacia las armas nucleares de Irán para equilibrar el poder israelita y americano. La opinión pública también favorece a menudo reformas sociales perjudiciales para las multinacionales con base en EE. UU. Y mucho más. El Gobierno americano no vería con buenos ojos la implantación de estas medidas, pero la auténtica democracia daría una voz significativa a la opinión pública. Por razones similares, la democracia es algo que se teme en casa.

**¿Prevé algún cambio sustantivo en la política exterior americana en un futuro próximo, ya sea bajo la administración demócrata o ya sea bajo la republicana?**

Si la administración es demócrata, no. Pero la situación con una administración republicana es mucho menos clara. El partido se ha desviado mucho del espectro de la política parlamentaria. Si los pronunciamientos de la cosecha de candidatos actual pueden tomarse en serio, el mundo se enfrentaría a graves problemas. Por ejemplo, pensemos en el tratado nuclear con Irán. No solamente se oponen unánimemente a él, sino que compiten por ser quien antes bombardearía aquel país. Es un momento muy extraño para la historia política americana, y eso, en un Estado con increíbles recursos destructivos, debería ser motivo de preocupación.

# Luchas globales por la dominación: ISIS, OTAN y Rusia*

**C. J. POLYCHRONIOU: La ascensión del ISIS es una consecuencia directa de la invasión y ocupación de Irak por Estados Unidos y hoy destaca claramente como la organización terrorista más brutal y peligrosa que hayamos visto en tiempos recientes. Parece también que sus tentáculos han alcanzado más allá de los «agujeros negros» creados por Estados Unidos en Siria, Libia, Irak y Afganistán y ahora han prendido en el interior de Europa, un hecho reconocido recientemente por la canciller alemana Angela Merkel. De hecho, se ha estimado que los ataques organizados o inspirados por el ISIS tienen lugar cada cuarenta y ocho horas en ciudades fuera de los países mencionados desde principios de junio de 2016. ¿Por qué países como Alemania y Francia se han convertido en objetivos del ISIS?**

NOAM CHOMSKY: En mi opinión tenemos que ser cuidadosos a la hora de interpretar las reivindicaciones por el ISIS de la responsabilidad en ataques terroristas. Pensemos en el peor de los recientes, el atentado de Niza. De esto habló Akbar Ahmed, uno de los analistas sobre el islamismo radical más punti-

* Publicado originalmente en *Truthout*, 17 de agosto de 2016.

lloso y clarividente. Según las pruebas disponibles, sacaba la conclusión de que el perpetrador, Mohamed Lahouaiej Bouhlel, probablemente no era «un musulmán devoto. Tenía un historial delictivo, bebía alcohol, comía cerdo, se drogaba, no ayunaba, ni rezaba, ni acudía a la mezquita, ni era religioso bajo ningún punto de vista. Se mostraba cruel con su mujer, que lo había abandonado. Esto no es lo que la mayoría de musulmanes, sobre todo de entre los que se consideran devotos religiosamente, considerarían un reflejo de su fe». El ISIS sí que «se atribuyó» (tarde) el atentado, tal como hacen rutinariamente, independientemente de cuáles sean los hechos, pero Ahmed piensa que en este caso la reivindicación es altamente dudosa. Sobre este ataque y otros similares saca la conclusión siguiente:

> La realidad es que, mientras que el ISIS puede influenciar a estos musulmanes de manera general, su animadversión proviene de su posición como inmigrantes indeseados en Europa, especialmente en Francia, en donde todavía no se les trata como franceses, por mucho que hayan nacido allá. La comunidad en su conjunto tiene una población desproporcionada de juventud desempleada con formación escasa y vivienda en malas condiciones, y constantemente es víctima de humillación cultural. No es una comunidad integrada, aunque hay algunas honrosas excepciones. De ahí provienen hombres jóvenes como Lahouaiej Bouhlel. El patrón de delincuente a pequeña escala también puede observarse en otros recientes ataques terroristas en Europa, incluidos los de París y Bruselas.

El análisis de Ahmed se corresponde con otros que han efectuado una investigación extensiva sobre los reclutados por el ISIS, sobre todo Scott Atran y su equipo de investigación. Y creo que deberíamos tomarlo en serio, junto con sus prescripciones, semejantes a las de otros capacitados analistas: «proporcionar a la comunidad musulmana oportunidades educativas y de empleo, programas de juventud, y promover la aceptación, la diversidad y la comprensión. Los gobiernos pueden hacer mucho por proporcionar educación lingüística, cultural y religiosa para la comunidad, y eso ayudaría a resolver, por ejemplo, el problema de los imanes extranjeros que tienen dificultades a la hora de transferir sus roles de liderazgo en la sociedad local».

Como ilustración del problema al que nos enfrentamos, Atran apunta que «solamente el 7 u 8 por ciento de la población francesa es musulmana, mientras que del 60 al 70 por ciento de la población reclusa lo es». También conviene tomar nota de un informe reciente del National Research Council, en el que se concluye que, «con respecto al contexto político, el terrorismo y su apoyo público parecerían promovidos por políticas de represión política extrema y desalentados por políticas que incorporen de manera responsable tanto a los grupos disidentes como a los moderados en la sociedad civil y en el proceso político».

Resulta fácil decir «devolvamos el golpe con violencia» (por medio de la represión policial), o bien «enterrémoslos bajo una alfombra de bombas», como exigió Ted Cruz, pero esta es la reacción que Al Qaeda y el ISIS han querido provocar, y con ella lo más probable es que los problemas se intensifiquen, como realmente ha pasado hasta ahora.

**¿Cuál es el objetivo del ISIS al atacar a civiles inocentes, como ocurrió en la ciudad costera de Niza, en Francia, con un resultado de ochenta y cuatro personas muertas?**

Como decía anteriormente, creo que deberíamos ser cautelosos a la hora de aceptar las atribuciones como iniciativas del ISIS o incluso su involucración. Pero cuando efectivamente están involucrados en estas atrocidades la estrategia es bastante clara. Algunos expertos escrupulosos en temas como el ISIS y las insurgencias violentas (Scott Atran, William Polk y otros) tienden a creer la palabra del ISIS. A veces citan la «guía» en la que se fija la estrategia central que sigue el ISIS, escrita una década atrás por el ala de afiliados a Al Qaeda en Mesopotamia que luego se transformó en el ISIS. Estos son los dos primeros axiomas (extraídos de un artículo de Atran):

[Axioma 1] Golpea en objetivos blandos: «Diversifica y amplía los golpes al orgullo contra el enemigo cruzado-sionista en todas las partes del mundo islámico, e incluso fuera de él si es posible, para así dispersar los esfuerzos de la alianza del enemigo y así agotarlo en la mayor medida posible.»

[Axioma 2] Ataca cuando las víctimas potenciales tengan bajada la guardia para maximizar el miedo en la población en general y para dañar sus economías: «Si se ataca un centro turístico que los cruzados administran [...], todos los centros turísticos de todos los Estados del mundo tendrán que reforzar la seguridad mediante fuerzas adicionales, que son del doble de los efectivos ordinarios, y el gasto se multiplicará.»

Y esta estrategia ha resultado exitosa, tanto en la extensión del terrorismo como para imponer grandes costes a los «cruzados» mediante un gasto muy reducido.

**Según se ha dicho, se protegerá a los turistas en Francia mediante fuerzas de seguridad y soldados en los centros vacacionales, incluso en las playas. ¿Hasta qué punto esta circunstancia se relaciona con la crisis de refugiados en Europa, adonde han llegado millones de personas en los últimos dos años procedentes de zonas devastadas por la guerra de todo el mundo?**

Eso resulta difícil de juzgar. Los crímenes en Francia no se han atribuido a refugiados recientes, por lo que he visto. Más bien parecen casos semejantes al de Lahouaiej Bouhlel. Pero el gran temor hacia los refugiados sí que existe, a pesar de la inexistencia de pruebas que los impliquen en crímenes. Es lo que ocurre también en Estados Unidos, en donde la retórica del estilo Trump, según la cual México envía a criminales y violadores, sin duda asusta a la gente, aunque las estadísticas evidencien que la «primera generación de inmigrantes está predispuesta a menores índices criminales que los nativos americanos», tal como detalló Michelle Ye Hee Lee en *The Washington Post*.

**¿Hasta que punto afirmaría que el Brexit lo produjo la xenofobia y el flujo masivo de inmigrantes a Europa?**

Muchos reportajes han ofrecido esta visión, pero yo todavía no he visto ningún dato concreto que la respalde. Y vale la pena recordar que el flujo de inmigrantes procede de la Unión Europea, no de los que huyen de los conflictos. También vale la pena recordar que el papel del Reino Unido en la generación de refugiados no es cualquier cosa. La invasión de Irak, para dar un ejemplo. Hay muchos más, si lo consideramos con una profundidad histórica más amplia. La carga de enfrentarse a las consecuencias de los crímenes de Estados Unidos y del Reino Unido recae sobre todo en países que no tienen ninguna responsabilidad en ellos, como Líbano, en donde se estima que el 40 por ciento de la población son refugiados.

**Estados Unidos y los principales poderes occidentales, ¿están realmente involucrados en una guerra contra el ISIS? Un observador exterior podría dudarlo, dada la creciente influencia del ISIS y la renovada capacidad de la organización a la hora de reclutar soldados para su causa entre la población europea.**

Se dan muchas especulaciones en este sentido, sobre todo en Oriente Medio, pero no creo que tengan ninguna credibilidad. Estados Unidos es poderoso, pero no todopoderoso. Se da la tendencia de atribuir todo lo que pasa en el mundo a la CIA o a algún plan diabólico de Occidente. Hay mucho que condenar, eso está claro. Y Estados Unidos es muy poderoso. Pero no tiene nada que ver con lo que a veces se cree.

**Parece que se podría producir un cambio geopolítico en el papel político regional de Turquía, lo que estaría detrás del golpe fallido de julio de 2016. ¿Detecta un cambio en ciernes?**

Ciertamente ha habido un cambio político en la zona desde que el anterior primer ministro Davutoglu proclamara la «política cero problemas», ¡pero es que los problemas abundan! El avance hacia el objetivo de convertirse en un poder regional, a veces descrito como neo-otomano, parece proseguir, si es que no se intensifica. Las relaciones con Occidente se hacen más tensas a medida que el Gobierno de Erdogan acentúa su fuerte deriva hacia el poder autoritario, con medidas represivas muy extremas. Eso determina que Turquía busque alianzas en otros lugares, particularmente con Rusia. La primera salida de Erdogan tras el golpe fue para visitar Moscú, en aras de una restauración del «eje de amistad Moscú-Ankara» (en palabras del mismo Erdogan) a lo que era antes del derribo turco del caza ruso en noviembre de 2015, cuando se adujo que la aeronave había superado durante unos segundos la frontera turca en el transcurso de una misión de ataque sobre Siria. Es una desgracia que sea tan mínima la oposición occidental a la escalada de las atrocidades violentas y despiadadas de Erdogan contra la población kurda del sudeste, a unos niveles que según algunos observadores se asemejan a los horrores de la década de 1990. En cuanto al golpe, sus orígenes permanecen oscuros, de momento. No dispongo de pruebas de que los cambios en la política regional jugaran ningún papel en su desarrollo.

**El golpe de Estado contra Erdogan aseguraba la consolidación de un régimen altamente autoritario en Turquía: Erdogan arrestó a miles de personas y cerró medios de comunicación, escuelas y universidades a consecuencia del golpe. Los efectos del golpe, de hecho, incluso pudieron reforzar el papel de los militares en asuntos políticos, puesto que quedarán bajo el control directo del mismo presidente, un movimiento que Erdogan ya ha iniciado. ¿Cómo afectará esto a las relaciones de Turquía con Estados Unidos y con los poderes europeos, cuando estos últimos han alegado su preocupación sobre la situación de la democracia y los derechos humanos en Turquía y sobre su acercamiento a Putin?**

La palabra correcta sería «presunción». Durante la década de 1990, el Gobierno turco llevó a cabo atrocidades horribles contra su población kurda: decenas de miles de muertos, miles de centros de población destruidos, centenas de millares (tal vez millones) de personas expulsadas de sus casas, todas las formas de tortura imaginables... El ochenta por ciento de las armas procedía de Washington, y el flujo se acentuó a medida que se incrementaron las atrocidades. Solamente en 1997, cuando los crímenes llegaron al máximo, Clinton envió más armas que la suma del total enviado a Turquía desde la posguerra hasta la campaña contra la insurgencia. Pero los medios de comunicación casi lo ignoraron. El *New York Times* tiene una delegación en Ankara, pero casi no informó de nada. Naturalmente, estos hechos eran muy conocidos en Turquía... y fuera de allí también los conocía cualquiera que se tomara la molestia de investigarlos. Ahora que las atrocidades están en su punto culminante otra vez, tal como había dicho, Occidente prefiere mirar para otro lado.

Sin embargo, las relaciones entre el régimen de Erdogan y Occidente se están haciendo más tensas, y entre los partidarios de Erdogan se da una rabia intensa contra Occidente a causa de las actitudes hacia el golpe (algo críticas, pero no lo bastante para el régimen) y hacia el incremento de autoritarismo y de la represión (algo críticas, pero demasiado para el régimen). De hecho, se da la creencia generalizada de que quien inició el golpe fue Estados Unidos.

También se condena a Estados Unidos por pedir pruebas antes de extraditar a Gülen, a quien Erdogan acusa del golpe. No es poca la ironía cuando uno recuerda que Estados Unidos bombardeó Afganistán porque los talibanes no quisieron entregar a Osama bin Laden sin pruebas. O recordemos, sino, el caso de Emmanuel *Toto* Constant, el líder de la fuerza terrorista FRAPH (Frente para el Avance y el Progreso de Haití) que corría por Haití bajo la dictadura militar en la década de 1990. Cuando se derrocó a la Junta con una invasión de marines, se escapó a Nueva York, en donde vivía confortablemente. Haití quería que lo extraditaran, y disponía de pruebas más que suficientes. Pero Clinton rechazó la petición, muy probablemente porque ese hombre habría descubierto los vínculos entre Clinton y los asesinos de la junta militar.

**El reciente pacto migratorio entre Turquía y Estados Unidos parece desmantelado cuando Erdogan hace afirmaciones en público según las cuales «los líderes europeos no son honestos». ¿Cuáles podrían ser las consecuencias para las relaciones entre Turquía y Estados Unidos, y para los refugiados mismos, si el pacto se rompiera?**

En esencia, Europa sobornó a Turquía para evitar que los miserables refugiados —muchos de los cuales huyen de crímenes en los que la responsabilidad de Occidente no es menor— llegaran a Europa. Es algo parecido a los esfuerzos de Obama por obtener el apoyo mexicano para que los refugiados centroamericanos —a menudo víctimas muy precisamente de las políticas americanas, incluidas las de la administración Obama— no llegaran a la frontera de Estados Unidos. Todo esto es moralmente grotesco, pero en cualquier caso mejor que dejar que se ahoguen en el Mediterráneo. El deterioro de las relaciones probablemente aumentará sus fatigas todavía más.

**La OTAN sigue siendo una alianza militar dominada por Estados Unidos y últimamente ha aumentado su presencia en la Europa oriental, pues se da un empeño en detener la recuperación rusa incrementando las divisiones entre Europa y Rusia. ¿Tal vez Estados Unidos está interesado en un conflicto militar con Rusia, o esos movimientos están motivados por la necesidad de mantener el complejo militar-industrial intacto en un mundo inmediato a la guerra fría?**

Ciertamente, la OTAN es una alianza militar dominada por Estados Unidos. Cuando la Unión Soviética se desintegró, Mijaíl Gorbachov propuso un sistema de seguridad a la medida del continente, y Estados Unidos lo rechazó e insistió en preservar y expandir la OTAN. Gorbachov se mostró de acuerdo en permitir una Alemania unificada que se uniera a la OTAN, lo que es una concesión remarcable a la luz de la historia. Sin embargo, había una compensación a respetar: que la OTAN no se expandiera «ni una pulgada hacia el este», refiriéndose a Alemania Oriental. Eso fue lo que prometieron el presidente Bush I y el secretario de Estado James Baker, pero no en papel: era un acuerdo verbal, y Estados Unidos arguyó que no era vinculante.

Una investigación pormenorizada en los archivos que llevó a cabo Joshua R. Itzkowitz Shifrinson y que publicó la pasada primavera *International Security*, la prestigiosa revista de Harvard-MIT, revela con mucha plausibilidad que esto fue un engaño intencionado, lo que resulta un descubrimiento muy significativo que resuelve sustancialmente, en mi opinión, la discusión alambicada sobre el asunto. La OTAN se expandió hacia Alemania Oriental, y en años posteriores hasta la frontera rusa. George Kennan y otros comentaristas muy respetados condenaron tajantemente estos planes, que eran susceptibles de llevar a una nueva guerra fría, puesto que Rusia, naturalmente, se sentía amenazada. Esta amenaza se hizo todavía mayor cuando la OTAN invitó a Ucrania a incorporarse en 2008 y 2013. Tal y como reconocen los analistas occidentales, eso extiende la amenaza al núcleo de las preocupaciones estratégicas rusas, asunto que trató, por ejemplo, John Mearsheimer en una de las revistas más importantes del sistema, *Foreign Affairs*.

**En su opinión, ¿sigue siendo la guerra nuclear entre Estados Unidos y Rusia una posibilidad real en el mundo de hoy?**

Sí, es una posibilidad muy real, y de hecho se va incrementando. Y no soy el único que piensa así. También lo dicen los expertos que marcan la hora del Reloj del Juicio Final del *Bulletin of Atomic Scientists* («Boletín de Científicos Atómicos»); lo dice el anterior secretario de Defensa, William Perry, uno de los expertos más experimentado y respetado en estas materias, y lo dicen muchos otros de quienes no se puede afirmar que sean alarmistas. El registro de casi-accidentes que podrían haber resultado fatales es impactante, por no hablar de un aventurismo muy peligroso. Es casi milagroso que hayamos sobrevivido a la era de las armas nucleares, y jugar con fuego es extremadamente irresponsable. De hecho, hay que sacar esas armas del planeta, tal como reconocen incluso nuestros analistas más conservadores, como Henry Kissinger, George Shultz y otros.

## ¿Se está desacelerando la integración europea?*

**C. J. POLYCHRONIOU: Noam, gracias por prestarse a esta entrevista sobre los acontecimientos que se dan actualmente en Europa. Me gustaría empezar haciéndole esta pregunta: ¿Por qué piensa que la crisis de refugiados de Europa se está dando ahora?**

**NOAM CHOMSKY:** La crisis se ha estado formando durante mucho tiempo. Si ha impactado ahora en Europa es porque ha rebasado los límites de Oriente Medio y de África. Dos martillazos occidentales tuvieron un efecto dramático. El primero fue la invasión por parte de Estados Unidos y del Reino Unido de Irak, que asestó un golpe casi mortal a un país que ya había sido devastado por un ataque militar masivo veinte años atrás, seguido por las sanciones angloamericanas virtualmente genocidas. Además del asesinato y la destrucción, la ocupación brutal encendió un conflicto identitario que ahora está rompiendo en pedazos el país y toda la zona. La invasión desplazó a millones de personas, muchas de las cuales huyeron y fueron absorbidas por los países vecinos, países pobres a los que se abandona a su suerte para que se enfrenten de algún modo con el detritus de nuestros crímenes.

* Publicado originalmente en *Truthout*, 25 de enero de 2016.

Un resultado de la invasión es la monstruosidad del ISIS/ Daesh, que contribuye a la escalofriante catástrofe siria. También en este caso los países vecinos han ido absorbiendo el flujo de refugiados. Solamente Turquía tiene más de dos millones de refugiados sirios. Al mismo tiempo contribuye a ese flujo con su política en Siria: el apoyo a los extremistas del Frente Al Nusra y de otros islamistas radicales y el ataque a los kurdos, que constituyen la fuerza terrestre principal para oponerse al ISIS, que así también sale beneficiado por los apoyos —tácitos o no— de los turcos. Pero esa avalancha ya no puede contenerse en esa región.

El segundo martillazo destruyó Libia, que ahora es un caos de grupos enfrentados entre sí, una base para el ISIS, una rica veta de yihadistas y de armas de África occidental a Oriente Medio, y un embudo para el flujo de refugiados desde África. Esto a su vez determina factores a más largo plazo. Durante siglos, Europa ha estado torturando a África. Dicho más suavemente, Europa ha estado explotándola para su propio desarrollo, para seguir la recomendación del gran planificador americano, George Kennan, tras la Segunda Guerra Mundial.

La historia, que debería sernos familiar, es más que grotesca. Para tomar solamente un caso, consideremos Bélgica, que ahora se agobia por la crisis de los refugiados. La riqueza de este país procede en no pequeña medida de la «explotación» del Congo con una brutalidad que excede incluso a la de sus competidores europeos. El Congo gano por fin su libertad en 1960. Podría haberse convertido en un país avanzado y rico una vez liberado de las cadenas belgas, con lo que también habría impulsado el desarrollo de África. Las esperanzas eran fundadas, bajo el liderazgo de Patrice Lumumba, una de las figuras más prometedoras de África. La CIA lo tenía marcado para asesinarlo, pero los belgas llegaron antes. Cortaron su cuerpo en pedazos y lo disolvieron en ácido sulfúrico. Estados Unidos y sus aliados apoyaron al asesino y cleptómano Mobutu. En la actualidad el Congo oriental es la escena de las peores matanzas del mundo, con la ayuda de Ruanda, la favorita de Estados Unidos, mientras las milicias enfrentadas alimentan las ansias de las multinacionales occidentales para obtener minerales con los que fabricar teléfonos móviles y otras maravillas tecnológicas. Con esta imagen se obtiene una generalización de lo que ocurre en África, exacerbada por innumerables crímenes. Para Europa, todo esto se convierte en una crisis de refugiados.

**Las oleadas de inmigrantes (puesto que obviamente muchos de ellos lo son, y no simplemente refugiados de países en guerra) que penetran en el corazón de Europa, ¿representan de algún modo un «desastre natural», o solamente son el resultado de la política?**

Se da un elemento de desastre natural. La terrible sequía en Siria que desgarró la sociedad era posiblemente una consecuencia del calentamiento global, que no es exactamente natural. La crisis de Darfur fue en parte el resultado de la desertificación que llevó a poblaciones nómadas a áreas de población asentada. Hoy, las horribles hambrunas del África central pueden deberse también al asalto del entorno durante el Antropoceno, la nueva era geológica en que las actividades humanas, sobre todo la industrialización, han destruido paulatinamente toda esperanza en una supervivencia decente. Y la destrucción continuará, a menos que invirtamos la tendencia.

**Los funcionarios de la Unión Europea se enfrentan a situaciones difíciles en la gestión de la crisis de los refugiados porque muchos Estados miembros no están dispuestos a cumplir con su parte y no quieren aceptar más que a un puñado de refugiados. ¿Qué significado tiene este hecho en cuanto al gobierno de la UE y en cuanto a los valores de muchas sociedades europeas?**

El gobierno de la UE trabaja con mucha eficiencia a la hora de imponer duras medidas de austeridad que resultan devastadoras para los países más pobres y que benefician a los bancos del norte. Pero ha fracasado casi completamente a la hora de enfrentarse a una catástrofe humanitaria que en gran medida es el resultado de crímenes de Occidente. La carga más pesada ha caído sobre los pocos que estaban dispuestos, al menos de forma temporal, a hacer algo más que nada, como Suecia o Alemania. Muchos otros se han limitado a cerrar sus fronteras. Europa intenta inducir a Turquía para que mantenga los miserables naufragios lejos de sus fronteras, tal como hace Estados Unidos, que presiona a México para que mantenga alejados de sus fronteras a quienes intenten huir de las ruinas de los crímenes que estos han cometido en Centroamérica. A esto se le llega a denominar «política humanitaria» que reduce la «inmigración ilegal».

¿Qué nos dice todo esto sobre los valores vigentes? Incluso se hace duro emplear la palabra «valores», así que comentarlo es todavía más duro... Y eso es así cuando escribes en Estados Unidos, tal vez el país más seguro del mundo, ahora consumido por un debate sobre si hay que cerrarse completamente a la acogida de sirios, porque bien podría tratarse de un terrorista que se hace pasar por médico, o si, de un modo más extremo —lo que es, lamentablemente, lo más normal en la corriente de opinión americana—, sobre si hay que cerrarse completamente a la acogida de musulmanes. Y eso mientras un muro enorme nos separa de inmigrantes que huyen de los restos del naufragio al sur de la frontera.

**¿Qué le parece la afirmación de que es simplemente imposible para muchos países europeos acomodar a tantos inmigrantes y refugiados?**

Alemania es quien ha hecho más, puesto que ha absorbido alrededor de un millón de refugiados en un país muy rico de ochenta millones de personas. Comparado con Líbano, un país pobre, con problemas internos severos. Su población es en un 25 por ciento siria, que se suman a los descendientes de quienes fueron expulsados de la anterior Palestina. Por otra parte, a diferencia del Líbano, Alemania necesita inmigración para mantener su población, dado el declive de la fertilidad que se ha producido con la educación de las mujeres en todo el mundo.

Kenneth Roth, al frente de Human Rights Watch, seguramente tiene razón cuando afirma que «esta "oleada de gente" es más bien un goteo si se la considera frente a la piscina que debe absorberla. Si tenemos en cuenta la riqueza y la economía avanzada de la Unión Europea, resulta difícil argüir que Europa carece de los medios para absorber a estos recién llegados», particularmente en países que necesitan a inmigrantes por el bien de su salud económica.

**Gran parte de los refugiados que intentan llegar a Europa no lo consiguen nunca, y muchos cadáveres aparecen en las orillas de Grecia e Italia. De hecho, según la agencia para los refugiados de la ONU, el Alto Comisionado de las Naciones Unidas para los Refugiados, más de 2.500 personas murieron el pasado verano [2015] solamente al intentar cruzar el Mediterráneo para llegar a Europa, con la costa sudoccidental de Turquía como punto de partida para millares de refugiados que los traficantes de migrantes apiñan en frágiles embarcaciones. ¿Cómo es posible que Europa no ejerza una mayor presión sobre el Gobierno turco de Recep Tayyip Erdogan para que haga algo sobre esta horrible situación?**

Los principales esfuerzos europeos, como queda dicho, se han dedicado a presionar a Turquía para que mantenga alejadas la miseria y el sufrimiento. Como hace Estados Unidos con México. Lo que la suerte les depare, una vez que nosotros estamos a salvo del contagio, tiene mucha menor importancia.

**Recientemente acusó a Erdogan de tener una doble vara de medir cuando se trataba de terrorismo, cuando le señaló por una petición que firmó, junto a centenares de académicos, en protesta por las acciones contra la población kurda y le calificó, de hecho, de terrorista. ¿Podría explicarnos este incidente, que tuvo alcance internacional?**

Es bastante sencillo. Un grupo de académicos turcos inició una petición protestando por la represión severa y creciente del Gobierno sobre la población kurda. Fui uno de los diversos extranjeros invitados a firmar. Inmediatamente después de un atentado terrorista en Estambul, Erdogan lanzó una diatriba en la que atacaba a los firmantes de la declaración y declaraba, muy al estilo de Bush, que quien no estaba con ellos estaba con los terroristas. Como me dedicó una parte de la invectiva, algunos medios turcos y unos amigos me pidieron que respondiera. Yo lo hice, brevemente, como sigue: «Turquía culpó al ISIS, a quien Erdogan ha ayudado de diferentes maneras, al tiempo que también ha apoyado al Frente Al Nusra, que no es muy diferente. Luego lanzó una diatriba contra los que condenan sus crímenes contra los kurdos, quienes resultan ser la principal fuerza terrestre que se enfrenta al ISIS tanto en Siria como en Irak. ¿Hace falta decir algo más?»

Los académicos turcos que firmaron la petición fueron detenidos y amenazados. A otros los atacaron físicamente. Entretanto, la represión estatal continúa aumentando. Los días oscuros de 1990 no se han borrado de las memorias. Igual que antes, los académicos turcos y otros han demostrado una valentía y una integridad remarcables al oponerse con vigor a los crímenes de Estado, de manera insólita en otros lugares, pues se pusieron en riesgo e incluso sufrieron severos castigos por su honorable posicionamiento. Afortunadamente, el apoyo internacional que se les brinda es cada vez mayor, aunque diste mucho del que se merecen.

**En una entrevista que mantuvimos se refirió a Erdogan como «el dictador de sus sueños». ¿A qué se refería con eso?**

Durante años, Erdogan ha ido avanzando en la consolidación de su poder al tiempo que retrocedían los esperanzadores pasos hacia la democracia y la libertad que se habían dado en Turquía en años anteriores. Según todas las apariencias, quiere convertirse en un gestor extremadamente autoritario cercano a la dictadura, y violento, y represivo.

**La crisis griega persiste y los acreedores internacionales del país piden constantemente reformas adicionales de un**

**tipo que ningún gobierno democrático en ningún otro país de Europa podría implementar. En algunos casos, de hecho, esas demandas de más reformas no se ven acompañadas por medidas específicas, con lo que uno tiene la impresión de que asiste a una muestra de sadismo brutal hacia el pueblo griego. ¿Qué visión tiene de este asunto?**

Las condiciones que se le han impuesto a Grecia en interés de los acreedores han devastado el país. El objetivo proclamado era reducir la carga de la deuda, que bajo estas medidas se incrementaba. Como se ha socavado la economía, el PIB también se ha visto reducido, y el coeficiente deuda/PIB se ha incrementado a pesar de los recortes radicales en los gastos estatales. En teoría a Grecia se la ha facilitado una rebaja de la deuda. En realidad, se ha convertido en un embudo mediante el cual fluye la ayuda europea hacia los bancos del Norte, esos que hicieron préstamos de alto riesgo que fallaron y que quieren que los rescaten los contribuyentes europeos, en una jugada característica de las instituciones financieras de la era neoliberal.

Cuando el Gobierno griego sugirió la posibilidad de preguntarle al pueblo de Grecia para que expresara sus opiniones sobre su suerte, la reacción, horrorizada ante tamaña insolencia, de las élites europeas no se hizo esperar: ¿Cómo se atrevían los griegos a considerar que la democracia era un valor a respetar en el país que le había dado origen? Los eurócratas al mando reaccionaron con auténtico sadismo e impusieron demandas todavía más severas para reducir Grecia a la ruina, pero siempre apropiándose de todo lo que podían para ellos, como no podía ser de otra manera. El objetivo del sadismo no es específicamente el pueblo griego, sino cualquiera que imagine que la gente disfruta de derechos que empiezan a compararse con los de esas instituciones financieras y los de esos inversores. De hecho, en general, las medidas de austeridad durante la recesión económicamente no tienen sentido, tal como han reconocido incluso economistas del FMI (aunque no sus cargos políticos). Resulta difícil contemplarlos como algo que no sea guerra de clases, pues lo que buscan es revertir los logros sociales y democráticos que han constituido una de las mayores contribuciones de Europa a la civilización moderna.

**¿Y cuál es su opinión del Gobierno dirigido por Syriza, que ha renegado de sus promesas anteriores a las elecciones y ha acabado firmando un nuevo acuerdo de rescate, con lo que acabará siendo otro Gobierno griego más que refuerza la austeridad y las medidas antipopulares?**

No me siento lo bastante cerca de esa situación como para comentar la estrategia de Syriza o para evaluar caminos alternativos que podrían haberse tomado. Las opciones podían haber mejorado sustancialmente si hubieran recibido un apoyo significativo de las fuerzas populares de otras partes de Europa, y creo que hubiera sido posible hacerlo.

**El anterior ministro de Finanzas griego, Yanis Varufakis, está a punto de lanzar un nuevo partido cuyo objetivo es llevar a cabo, tal como dice, «una idea sencilla y radical: democratizar Europa». Tengo dos preguntas para usted sobre este asunto: Primero, ¿por qué la socialdemocracia se está convirtiendo cada vez más en un factor del pasado en las sociedades europeas? Y segundo, ¿hasta qué punto puede «democratizarse» el capitalismo?**

La socialdemocracia, no solamente en su variante europea, sino en otras también, ha sufrido severos ataques a lo largo del período neoliberal de la generación pasada, lo que ha resultado dañino para la población en general casi en todas partes, mientras que ha beneficiado a pequeñas élites. Un ejemplo ilustrativo de la obscenidad de estas doctrinas se revela en un estudio que acaba de publicar Oxfam, y según el cual el 1 por ciento de la población más rica del mundo pronto poseerá más de la mitad de la riqueza del mundo. Entretanto, en Estados Unidos, la más rica de las sociedades importantes del mundo y con ventajas incomparables, millones de niños viven en hogares que intentan sobrevivir con dos dólares por día. E incluso esa miseria está en cuestión por los ataques de los que se hacen llamar conservadores.

Uno puede discutir hasta dónde pueden llegar las reformas bajo las variedades existentes de capitalismo de Estado. Pero que pueden ir mucho más allá de lo que ahora existe, de eso no cabe duda. Ni tampoco hay duda de que deben hacerse todos los esfuerzos para llevarlas al límite. Eso debería ser un objetivo incluso para los que están comprometidos en la revolución social radical, que solamente llevaría a horrores peores si no fuera porque surge de la dedicación de una gran masa de población que cae en la cuenta de que los centros de poder bloquearán los pasos hacia delante siguientes.

**La crisis de los refugiados en Europa ha forzado a varios Estados miembros de la UE, entre ellos Austria, Suecia, Dinamarca y los Países Bajos, a suspender el tratado de Schengen. ¿Cree que estamos siendo testimonios de la desaceleración del proyecto de integración de la UE, lo que incluso podría poner fin a la moneda única?**

Creo que deberíamos distinguir entre moneda única, para la cual las circunstancias no eran apropiadas, y proyecto de integración de la EU, el cual, en mi opinión, ha constituido un gran avance. Bastará con recordar que durante centenares de años Europa se ha dedicado a la aniquilación mutua, a una escala horrenda. La superación de las hostilidades nacionales y la erosión de las fronteras es un logro sustancial. Sería una lástima que el tratado de Schengen se echara a perder por la percepción de una amenaza que no debería ser tan difícil gestionar de una manera humana, lo que a su vez podría resultar realmente en una contribución a la salud cultural y económica de la sociedad europea.

## Prohibiciones del burkini, nuevo ateísmo y adoración del Estado: la religión en política*

**C. J. POLYCHRONIOU: En el curso de la historia humana, la religión ha proporcionado alivio al dolor y al sufrimiento de los pobres y oprimidos de todo el mundo, y a esto se refería probablemente Marx cuando decía que «la religión es el opio del pueblo». Pero al mismo tiempo se han cometido atrocidades en nombre de Dios, y las instituciones religiosas a menudo funcionan como guardianas de la tradición. ¿Cuál es su visión sobre el papel de la religión en los asuntos humanos?**

**NOAM CHOMSKY:** La visión de conjunto es bastante horrible y también demasiado habitual como para volver a evocarla. Pero sí merece la pena recordar que hay algunas excepciones. Un ejemplo que llama la atención es lo que ocurrió en Latinoamérica tras el Concilio Vaticano II, en 1962, convocado por iniciativa del papa Juan XXIII. Los procedimientos dieron pasos significativos en la restauración del mensaje pacifista radical del Evangelio, que se había abandonado ampliamente cuando el emperador Constantino, en el siglo IV, adoptó el cristianismo como la doctrina oficial del Imperio romano, con lo que convirtió la Iglesia de los perseguidos en la Iglesia de los perseguidores, tal como ha descrito dicha transformación Hans Küng, his-

* En coautoría con Lily Sage. Publicado originalmente en *Truthout*, 31 de agosto de 2016.

toriador del cristianismo. Los obispos, sacerdotes y laicos de Latinoamérica adoptaron el mensaje del Vaticano II y se dedicaron a ayudar a los pobres y oprimidos a organizarse para obtener y defender sus derechos, en lo que dio en llamarse «teología de la liberación».

Naturalmente, en muchas confesiones protestantes, incluidas las de cristianos evangélicos, se dieron raíces más tempranas y equivalencias. Estos grupos formaron un núcleo que tuvo un desarrollo notable en Estados Unidos en la década de 1980, cuando por primera vez, que yo sepa, una gran cantidad de gente no solamente protestó por los horribles crímenes que su Gobierno cometía, sino que además se unió a las víctimas y las ayudó a sobrevivir al ataque.

Estados Unidos lanzó una guerra virtual contra la Iglesia, de manera más dramática en la Centroamérica de la década de 1980. Dicha década se vio enmarcada por dos argumentos cruciales en El Salvador: el asesinato en 1980 del arzobispo Óscar Romero, la «voz de los sin voz», y el asesinato de seis importantes intelectuales latinoamericanos, sacerdotes jesuitas, en 1989. Romero fue asesinado unos días después de que enviara una carta al presidente Carter en la que le rogaba que no enviara ayuda a la junta militar asesina, pues de este modo agudizaría «sin duda la injusticia y la represión contra el pueblo organizado que muchas veces ha estado luchando por que se respeten sus derechos humanos más fundamentales».

Los militares estadounidenses se vanaglorian de ayudar a destruir la peligrosa herejía que adoptó «la opción preferencial por los pobres», el mensaje del Evangelio. La Escuela de las Américas (ahora llamada The Western Hemisphere Institute for Security Cooperation), famosa por formar a asesinos latinoamericanos, anuncia con orgullo que la teología de la liberación fue «derrotada con la ayuda del ejército de Estados Unidos».

**¿Cree en el factor espiritual oculto tras la religión, o encuentra algún aspecto útil en ella?**

Yo, personalmente, no. Creo que el pensamiento irracional

es un fenómeno peligroso e intento evitarlo. Pero por otro lado reconozco que constituye una parte significativa en la vida de otros, con efectos diversos.

**¿Cuál es su visión sobre el auge del «nuevo ateísmo», que según parece se da en respuesta a los ataques terroristas del 11 de septiembre? ¿A qué público va destinado este movimiento? ¿Dispone de un calendario político claro alrededor del cual deberían reunirse las fuerzas progresistas y de la izquierda?**

A menudo no está muy claro a qué público se dirige, y los calendarios sin duda varían. Está muy bien llevar a cabo iniciativas educativas destinadas a animar a la gente a cuestionarse creencias infundadas e irracionales que a menudo pueden resultar peligrosas. Y tal vez en ocasiones estos esfuerzos tienen efectos positivos. Pero las preguntas surgen.

Tomemos por ejemplo a George W. Bush, quien invocó sus pensamientos fundamentalistas cristianos para justificar la invasión de Irak, el peor crimen del siglo. ¿Él forma parte del público a quien se dirige, o su confesión de cristianos evangélicos? ¿O se dirige a los rabinos prominentes de Israel, que quieren ejecutar la sentencia de Amalec sobre todos los palestinos (destrucción total, incluso de sus animales)? ¿O a los fundamentalistas islámicos radicales de Arabia Saudí, que han sido aliados altamente apreciados en Oriente Medio durante setenta y cinco años, mientras seguían con la implementación del wahabismo en el islam sunita? Si grupos como estos constituyen el público hacia el que se dirige el «nuevo ateísmo», el esfuerzo no parece demasiado prometedor, por decirlo suavemente. ¿Se dirigirá a gente sin creencias particulares, pero que asiste regularmente a ceremonias y celebra fiestas religiosas, como una manera de formar parte de una comunidad de apoyo mutuo y solidaridad, en la que junto a otros disfruta de una tradición y refuerza valores que ayudan a superar el aislamiento en un mundo atomizado y sin vínculos sociales? ¿Se dirigirá a la madre en duelo que se consuela pensando que volverá a ver a su niño moribundo en el cielo? Nadie puede darle solemnes conferencias sobre epistemología. Ese público podría existir, sí, pero su composición y sus vínculos plantean interrogantes.

Más aún: si quiere actuar con seriedad, el «nuevo ateísmo» debería apuntar a religiones laicas virulentas de adoración al Estado, a menudo disfrazadas en la retórica de la excepcionalidad y de la intención noble, una fuente de crímenes tan frecuente, tan inmensa, que no hace falta volver a contarlos.

No quiero extenderme, pero tengo reservas. Aunque insisto en que superar creencias falsas y a menudo extremadamente peligrosas siempre es algo apropiado.

**Uno podría objetar que Estados Unidos es en realidad un país profundamente fundamentalista cuando se trata del tema religioso. ¿Existe una esperanza de cambio progresista real en este país, cuando la gran mayoría de la población parece en manos del fervor religioso?**

Estados Unidos ha sido desde sus orígenes un país profundamente fundamentalista, con sucesivos grandes despertares y explosiones de fervor religioso. Hoy destaca entre las naciones industriales gracias al poder que tiene la religión. Sin embargo, también desde el principio se dio un cambio progresivo y significativo, que no ha entrado necesariamente en conflicto con los compromisos religiosos.

Uno piensa, por ejemplo, en Dorothy Day y el movimiento del *Catholic Worker*. O en el inmenso papel de la religión en las comunidades afroamericanas en el gran movimiento de los derechos civiles. Como aportación personal, diré que fue profundamente emocionante poder tomar parte en reuniones de manifestantes en parroquias del Sur tras un día de palizas brutales y salvajismo, en donde los participantes reforzaban los lazos de solidaridad cantando himnos y reuniendo fuerzas para el día siguiente. También hay que decir que esta no es de ningún modo la norma, y por lo común el impacto del compromiso religioso fundamentalista en la política social ha hecho daño, cuando no ha resultado directamente pernicioso.

Como suele pasar, ante esto no se puede responder con simpleza, sino como ya se viene haciendo: con comprensión por el sufrimiento, esforzándonos por destacar lo que es constructivo y útil y lo que sirve para superar tendencias dañinas, o para continuar con el desarrollo de las fuerzas del humanismo laico y de los compromisos a largo plazo y radicales, como los que se necesitan urgentemente para resolver los problemas acuciantes a los que todos nos enfrentamos.

**Infinidad de discursos políticos en Estados Unidos concluyen con «Que Dios os bendiga, y que Dios bendiga a América». ¿Expresiones lingüísticas como esta influencian en la política, la cultura y la realidad social?**

Tengo la impresión de que la relación causal va sustancialmente en la otra dirección, aunque también puede haber respuesta. Este redoble propagandístico que dice «nosotros somos buenos» y «ellos son malos», con constantes ejercicios de complacencia y de abuso de los demás, difícilmente pasará desapercibido al mundo.

Los ejemplos abundan, pero solamente para ilustrar el patrón común. Tomemos un ejemplo corriente de lo más alto de la cultura intelectual: el artículo en *New York Review of Books* de Samantha Power, el 18 de agosto de 2016. Sin ninguna calificación o comentario relevante, la autora presenta las sabias reflexiones de Henry Kissinger sobre «el defecto trágico de América»: a saber, «creer que nuestros principios son principios universales, e intentar extender los derechos humanos más allá de los límites de la nación... "Ninguna nación ha impuesto nunca los requisitos morales sobre sí misma que Estados Unidos cumple. Y ningún país se ha atormentado más sobre el vacío entre sus valores morales, que por definición son absolutos, y la imperfección inherente a las situaciones concretas en que deben aplicarse."».

Para cualquiera que tenga la más ligera familiaridad con la historia contemporánea, unas reflexiones tan fatuas son simplemente molestas. O, por decirlo con mayor exactitud, son horribles. Y esto no es algo que se dice en la radio, sino en un diario importante de los intelectuales liberales de izquierdas. Y las personas a las que se bombardea con bobadas patrióticas desde todas las esquinas tienden a tener una visión de ellas mismas y del mundo que plantea una amenaza seria para la humanidad.

**La retórica se utiliza extensamente en campañas políticas y en un contexto político se abusa de ella. ¿Tiene alguna teoría sobre la retórica política?**

No, no tengo ninguna teoría sobre retórica, pero intento recordar el principio según el cual uno no debería intentar persuadir; antes bien, uno debería presentar el terreno tan bien como pueda para que los otros puedan utilizar sus propios poderes intelectuales y determinar por ellos mismos lo que creen que ocurre y lo que está bien o está mal. También intento, particularmente a la hora de escribir sobre política, dejar absolutamente clara mi postura por adelantado, de manera que los lectores puedan sacar las consecuencias. La idea de la objetividad neutral es en el mejor de los casos engañosa y a menudo fraudulenta. No podemos evitar abordar cuestiones complejas y controvertidas —especialmente cuando son significativas desde el punto de vista humano— con un punto de vista definido, con intereses personales, si se quiere, y estos intereses tienen que ser evidentes, de manera que aquellos a los que nos dirigimos puedan entender de dónde venimos en nuestras opciones e interpretaciones de los hechos de la historia.

En cuanto a mis propias actividades retóricas, en la medida de lo posible —que tal vez no sea mucho— intento frenar los esfuerzos por llevar a las personas a mis propias conclusiones sin que procesen primero el tema por ellas mismas. De manera similar, cualquier buen maestro sabe que transmitir información es mucho menos importante que ayudar a los estudiantes a obtener la capacidad de inquirir y de crear por su cuenta.

**Con el transcurso de los años se ha hecho popular pensar en el saber como algo que está construido socialmente, y los**

**que proponen la idea de que el saber es simplemente el resultado de un consenso en cualquier tema que requiera investigación y análisis dicen que lo mismo vale para la misma realidad. ¿Coincide con esta visión relativista del saber y de la realidad?**

Diría que en gran parte está desencaminada, aunque hay un elemento de verdad escondido en la afirmación. Sin duda, la lucha por el saber está guiada por concepciones prioritarias, y sin duda a menudo, pero no siempre, pero sí típicamente, es una actividad comunitaria. Eso es sustancialmente cierto cuando se trata del saber organizado, como la investigación en las ciencias naturales. Por ejemplo, un estudiante graduado vendrá y me informará de que estaba equivocado cuando ayer hice tal afirmación en una clase, por esta y por aquella razón, y lo discutiremos y llegaremos a ponernos de acuerdo o no, y tal vez surjan problemas de otro tipo. Bueno, esto es investigación normal, y lo que sale de ahí es de algún modo saber o comprensión, lo que a su vez queda socialmente determinado por la naturaleza de estas interacciones.

Hay mucho que no entendemos en gran parte: por ejemplo, cómo se adquiere y desarrolla el conocimiento científico. Si miramos con mayor profundidad a los terrenos en los que sí entendemos algo, descubrimos que el desarrollo de sistemas cognitivos, que incluyen sistemas de conocimiento y comprensión, está dirigido sustancialmente por nuestra naturaleza biológica. En el caso del conocimiento del lenguaje, disponemos de evidencias claras y sustanciales. Parte de mi interés personal en el estudio del lenguaje es que es un dominio en el que estas cuestiones pueden estudiarse con bastante claridad, mucho más que en muchos otros. Por otra parte, también es un dominio intrínseco a la naturaleza humana y a las funciones humanas, no un caso marginal. Aquí, creo, tenemos pruebas muy potentes del efecto directivo que tiene la naturaleza biológica en la forma del sistema de conocimiento que surge.

En otros terrenos como, por ejemplo, la construcción interna de nuestro código moral, tan solo sabemos menos, aunque sobre el tema hay investigaciones modernas muy interesantes y reveladoras. Creo que la naturaleza cualitativa del problema al que nos enfrentamos sugiere con fuerza una conclusión similar: un efecto altamente directivo de la naturaleza biológica. Cuando te cuestionas la investigación científica, una vez más, sabemos tan poco sobre cómo procede —sobre cómo se efectúan los descubrimientos— que nos vemos reducidos a la especulación y a la revisión de ejemplos históricos. Pero creo que la naturaleza cualitativa del proceso de adquisición de conocimiento científico vuelve a sugerir un efecto altamente directivo de la naturaleza biológica. El razonamiento que hay detrás es prácticamente el de Platón, que creo que es esencialmente válido. Por eso a veces se lo denomina «problema de Platón». El razonamiento en los diálogos de Platón es que la riqueza y la especificidad y el compartimiento del saber que alcanzamos está mucho más allá de lo que podemos inferir por la experiencia abarcable, que incluye las interacciones personales. Y aparte de los actos de Dios, eso deja solamente la posibilidad de que en esencia se determine interiormente, y en último término por dotación biológica.

Es la misma lógica que utilizan rutinariamente los científicos de la naturaleza a la hora de estudiar los sistemas orgánicos. Así, por ejemplo, cuando estudiamos el crecimiento físico —hablando en sentido metafórico, «por debajo del cuello», todo menos la mente—, damos por hecho este razonamiento. Supongamos que le sugiriera que pasar por la pubertad es una cuestión de interacción social y que las personas lo hacen porque ven a otras personas hacerlo, que es una cuestión de presión social. Bien, pues se echaría a reír, ¿verdad? ¿Por qué? No hay nada en el entorno que pudiera dirigir estos cambios tan específicos en el organismo. Por tanto, todos damos por hecho que está biológicamente determinado, que los niños que crecen están de algún modo programados para experimentar la pubertad en una cierta etapa de desarrollo. ¿Son los factores sociales irrelevantes para la pubertad? No, en absoluto. La interacción social ciertamente será relevante. Bajo ciertas condiciones de aislamiento social, podría ni tan siquiera tener lugar. La misma lógica se aplica al investigar procesos «por encima del cuello».

**Volviendo al tema de la relación entre religión y política, unos cuantos comentaristas han argüido que el conflicto israelí-palestino es una guerra religiosa, no de territorio. ¿Le da alguna validez a esta afirmación?**

El movimiento sionista inicialmente era laico, aunque los elementos religiosos fueron ganando cada vez más terreno, particularmente tras la guerra de 1967 y el inicio de la ocupación, que tuvo un gran impacto en la sociedad y en la cultura israelitas. Eso es particularmente cierto en la vertiente militar, lo que ha preocupado profundamente a los analistas de estos asuntos desde la década de 1980 (los avisos de Yoram Peri en su momento fueron perspicaces), y hoy todavía más. Los movimientos palestinos también eran en gran parte laicos, aunque el extremismo religioso también va en aumento. De hecho, crece en todo el mundo musulmán, ya que las iniciativas laicas se ven rechazadas y las víctimas buscan algo a lo que agarrarse. Aun así, considero que sería engañoso considerarlo como una guerra religiosa. Se mire como se mire, el sionismo ha sido un movimiento de establecimiento colonial, con todo lo que esto representa.

**¿Qué piensa de la ley francesa sobre la laicidad y los símbolos religiosos ostensibles? ¿Es un paso adelante o un paso atrás para el progreso y el universalismo?**

No creo que tengan que existir leyes que fuercen a las mujeres a quitarse el velo o la ropa que prefieran para nadar. Los valores laicos tienen que respetarse, y entre ellos el del respeto a la libre elección, siempre y cuando no dañe a los demás. Los valores laicos que deberían respetarse se ven minados cuando el poder estatal se inmiscuye en áreas que deberían pertenecer a la opción individual. Si los judíos jasídicos quieren llevar mantos negros, camisas blancas y sombreros negros, con el peinado al estilo ortodoxo y con atuendo religioso, eso no es asunto del Estado. Lo mismo ocurre cuando una mujer musulmana decide llevar velo o irse a nadar con un «burkini».

## La construcción de visiones de «paz perpetua»*

**C. J. POLYCHRONIOU: Noam, el declive de la democracia como reflejo de la apatía política es evidente tanto en Estados Unidos como en Europa, y la explicación que se da en *¿Quién domina el mundo?* es que este fenómeno se relaciona con el hecho de que la mayor parte de la gente entre las sociedades occidentales «está convencida de que unos cuantos grandes intereses políticos controlan la política».[4] Eso obviamente es cierto, pero ¿no ha sido siempre así? Quiero decir, la gente siempre ha sabido que la política estaba en manos de la élite, pero en el pasado esto no les detuvo de intentar influenciar en los resultados políticos tanto a través de las urnas como por otros medios. ¿Qué factores específicos, por tanto, explican la apatía política en nuestros tiempos?**

NOAM CHOMSKY: «Resignación» me parece un término mejor que «apatía», e incluso ese me parece demasiado exagerado.

Desde el principio de la década de 1980, los sondeos en Estados Unidos han demostrado que la mayoría de la gente cree que el Gobierno lo controlan unos cuantos grandes intereses que velan por sí mismos. No conozco otras encuestas an-

* Originalmente publicado en *Truthout*, 19 de junio de 2016.

teriores, ni lo que dicen las encuestas en otros países, pero no me extrañaría que los resultados fueran similares. La cuestión importante es: ¿Tiene la gente motivación suficiente como para hacer algo al respecto? Eso depende de varios factores, que crucialmente incluyen los medios que perciben como disponibles. Hace doscientos cincuenta años, en uno de los primeros trabajos modernos sobre teoría política, David Hume observó que «el poder está en manos de los gobernados» con solo que estos decidan ejercerlo, y que, en última instancia, es «solo por opinión» —es decir, por doctrina y propaganda— que se impide que ejerzan el poder. Eso puede superarse, y a menudo se ha hecho.

Hace treinta y cinco años, el científico político Walter Dean Burnham identificó la «total ausencia de un partido de masas socialista o laborista en tanto que competidor organizado en el mercado electoral» como una causa principal de la alta abstención en las elecciones americanas. Tradicionalmente, el movimiento obrero y los partidos con base obrera han jugado un papel principal, pues han ofrecido maneras de «influenciar en los resultados políticos» desde dentro del sistema electoral, lo mismo que en las calles y en la base. Esta capacidad ha disminuido significativamente como consecuencia del asalto neoliberal, que ha reforzado la guerra abierta contra los sindicatos por las clases empresariales a lo largo del período posterior a la guerra.

En 1978, antes de la escalada de Reagan en el ataque contra los trabajadores, Doug Fraser, presidente del sindicato United Auto Workers, reconoció lo que estaba pasando —con demasiado retraso— y criticó a los «líderes de la comunidad empresarial» por haber «escogido declarar una lucha de clases unilateral en este país, una guerra contra los trabajadores, los parados, los pobres, las minorías, los más jóvenes y los más viejos, y todos los hombres de las clases medias de esta sociedad», y por haber «roto y desechado el pacto frágil y no escrito que existía previamente, durante un período de crecimiento y progreso». La dirección del sindicato había puesto su fe —en parte para su propio beneficio como burocracia del trabajo— en un pacto con los propietarios y administradores durante el crecimiento posterior a la guerra y durante el período de grandes ganancias que había acabado en la década de 1970. Para entonces, el potente ataque sobre los trabajadores ya había provocado severas pérdidas y se había hecho mucho más extremo, particularmente durante la administración radicalmente antiobrera del Gobierno Reagan.

Los demócratas, entretanto, también abandonaron prácticamente a la clase trabajadora. Los partidos políticos independientes han sido muy marginales, y el activismo político, aunque se ha extendido, a menudo ha dejado de lado los temas de clase y ha ofrecido poco a la clase trabajadora blanca, que ahora se deja llevar hacia su enemigo de clase. En Europa, el funcionamiento de la democracia ha ido en declive a medida que las grandes decisiones políticas se han ido transfiriendo a la burocracia bruselense de la Unión Europea, que opera a la sombra de los bancos del Norte. Pero las reacciones populares son muchas, algunas autodestructivas (echarse a los brazos de los enemigos de clase) y otras prometedoras y productivas, tal como se ve en las campañas políticas de Estados Unidos y de Europa.

**En su libro hace mención de las «manos invisibles del poder». ¿A qué se refiere exactamente, y en qué situaciones y circunstancias puede aplicarse para entender los acontecimientos de política interna y mundial?**

Utilicé esta expresión para referirme a las doctrinas que guían la formación política y que o bien destacan en los registros documentales o bien son fácilmente detectables en el desarrollo de los acontecimientos. Hay muchos ejemplos, tanto en el ámbito internacional como en el local. A veces las nubes se despejan por revelaciones a altos niveles o por hechos históricos relevantes. La naturaleza real de la guerra fría, por ejemplo, brilló con nueva luz tras la caída de la Unión Soviética. Entonces ya no fue posible seguir proclamando con toda simpleza que venían los rusos. Ahí encontramos una prueba muy interesante de los motivos reales de la formación política, escondidos tras pretextos sobre la guerra fría que de pronto desaparecieron.

Con los documentos de la administración de Bush I, por ejemplo, nos damos cuenta de que tenemos que mantener las fuerzas de intervención apuntando hacia Oriente Medio, en donde «no se puede echar la culpa al Kremlin» de las amenazas a nuestros intereses, contrariamente a lo que se decía en un largo engaño. Los problemas serios parecen remitirse al «nacionalismo radical», el término que se utiliza regularmente para el nacionalismo independiente que está bajo control. Este es realmente un tema importante de la guerra fría, enmascarado por las posturas sobre el Gran Enemigo.

La suerte de la OTAN también es reveladora. Se construyó y se mantuvo como defensa contra las hordas rusas. En 1991 ya no había hordas rusas, ni Pacto de Varsovia, y Mijaíl Gorbachov proponía un amplio sistema de seguridad sin pactos militares. ¿Qué pasó con la OTAN? Se expandió hacia el este en violación de los compromisos asumidos ante Gorbachov por el presidente Bush I y por el secretario de Estado James Baker, quienes parece que conscientemente quisieron engañarlo para ganarse su aquiescencia a la Alemania unificada dentro de la OTAN, tal como indican recientes trabajos de archivo.

Desplazándonos a otro terreno, el capitalismo de mercado libre ensalzado en su doctrina quedó ilustrado con un estudio del FMI sobre los principales bancos que mostraba que sus beneficios provenían sobre todo de una política implícita de cobertura de los contribuyentes.

Los ejemplos abundan y son altamente instructivos.

**Desde el fin de la Segunda Guerra Mundial, el capitalismo en todo Occidente —y de hecho en todo el mundo— ha conseguido mantener y ampliar su dominio no solamente a través de medios políticos y psicológicos, sino también mediante el uso del aparato represivo del Estado, que incluye el aparato militar. ¿Puede hablar un poco de esto en conexión con el tema de «quién domina el mundo»?**

La «mano dura» (la amenaza de la fuerza armada o autoritaria) no falta ni en las sociedades más libres. En Estados Unidos de la posguerra el ejemplo que más llama la atención es COINTELPRO, un programa que llevó adelante la policía nacional política (FBI) para acabar con la disidencia y con el activismo en un amplio margen, y con recurso incluso al asesinato político (el organizador de los Panteras Negras, Fred Hampton). La encarcelación masiva de poblaciones que se consideraban superfluas para el lucro (sobre todo afroamericanos, por razones históricas obvias) es otro medio.

En el exterior, se enseña constantemente el puño, directamente o a través de los clientes. Las guerras de Indochina son el caso más extremo, el crimen más atroz posterior a la Segunda Guerra Mundial del siglo XX, que se criticó como «una metedura de pata» en los medios comunes, lo mismo que la invasión de Irak, el peor crimen del nuevo siglo. Un ejemplo muy significativo de la posguerra fue la oleada de represión violenta que se desató por toda Latinoamérica después de que John F. Kennedy cambiara la misión de los militares de «defensa hemisférica» a «seguridad interna», un eufemismo para referirse a la guerra contra la población. En todo el hemisferio los efectos fueron terribles, y alcanzaron Centroamérica con las guerras asesinas de Reagan, en gran parte apoyadas en las fuerzas terroristas de los Estados clientes.

**Aunque sigue siendo el poder predominante en el mundo, no hay duda de que Estados Unidos está en declive. ¿Cuáles son las causas y las consecuencias de este hecho?**

El poder de Estados Unidos alcanzó su cima, a niveles nunca alcanzados, con el fin de la Segunda Guerra Mundial. Eso no podía sostenerse, y empezó a menguar muy pronto, con lo que se llamó, de manera interesante, «la pérdida de China» (la transformación de China en una nación comunista en 1949). Y el proceso continuó con la reconstrucción de sociedades industriales de la devastación posterior a la guerra y de la descolonización. Un reflejo del declive es el cambio de actitudes hacia la ONU. Cuando no era más que un instrumento del poder americano en los primeros años de posguerra, era objeto de una gran admiración, pero se la atacó cada vez más como «antiamericana» cuando cayó fuera de su control. Hasta tal punto no puede controlarla que Estados Unidos ostenta el récord de vetos desde 1970, cuando se unieron al Reino Unido para apoyar el régimen racista de Rodesia del Sur. Para aquel entonces, la economía mundial era tripartita: con base en Alemania en Europa, con base en Japón en Asia oriental y con base en Estados Unidos en Norteamérica.

En la dimensión militar, Estados Unidos han mantenido su supremacía. Las consecuencias son muchas. Una es el recurso a las «coaliciones de voluntarios» cuando la opinión internacional se opone abrumadoramente al recurso americano a la violencia, incluso entre los aliados, como ocurrió en la invasión de Irak. Otra son los «golpes blandos», como ocurre ahora mismo en Brasil, en lugar de apoyar a las fuerzas de seguridad neonazis del Estado, tal como era habitual en un pasado no tan lejano.

**Si Estados Unidos sigue siendo el primer superpoder militar del mundo, ¿qué país o qué entidad considera como el segundo superpoder?**

Se habla mucho de China como el superpoder emergente. Según la opinión de muchos analistas, China está lista para superar a Estados Unidos. No hay duda de la relevancia emergente de China en la escena mundial, pues económicamente ya sobrepasa a Estados Unidos en algunos aspectos, aunque no en la renta per cápita, en la que quedan muy por debajo. Militarmente, China es mucho más débil. Las confrontaciones tienen lugar en las aguas costeras cercanas a China, no en el Caribe, ni frente a la costa de California. Pero China se enfrenta a problemas internos muy serios: represión obrera y contestación, amenazas ecológicas severas, declive demográfico en fuerza de trabajo y otros. Y la economía, en su expansión, sigue dependiendo en gran parte de las economías más avanzadas de su periferia y de Occidente, aunque en este sentido se están produciendo cambios. En algunos terrenos de alta tecnología, como el diseño y desarrollo de los paneles solares, China parece llevar la delantera mundial. Aunque se aísla a China por el mar, lo compensa extendiéndose hacia el oeste, en lo que parece una reconstrucción de la Ruta de la Seda por un sistema euroasiático que ya queda bajo la influencia china, de manera que pronto llegará a Europa.

**Ya hace mucho tiempo que insiste en que las armas nucleares constituyen una de las dos grandes amenazas para la humanidad. ¿Por qué las potencias más importantes se resisten tanto a abolirlas? ¿Acaso no ven los «amos del universo» que la misma existencia de estas armas es una amenaza también para ellos?**

Es muy destacable ver lo poco que preocupan a los altos mandos las perspectivas de su propia destrucción. Aunque eso no es ninguna novedad en los asuntos mundiales (en los que quienes iniciaron las guerras acabaron devastados), ahora sucede en una escala completamente diferente. Es algo que observamos desde los primeros días de la era atómica. Estados Unidos en un primer momento era virtualmente invulnerable, aunque en el horizonte se perfilaba una amenaza seria: los misiles balísticos intercontinentales (ICBM por sus siglas en inglés) con ojivas de hidrógeno. La investigación de los archivos ha confirmado ahora lo que antes se conjeturaba: no había plan, ni siquiera en pensamiento, de alcanzar un acuerdo que hubiera prohibido estas armas, aunque había razones para pensar que tal acuerdo era posible. Las mismas actitudes prevalecen hasta el presente, cuando la amplia concentración de fuerzas en la tradicional ruta de invasión a Rusia plantea una seria amenaza de guerra nuclear.

Los planificadores explican con mucha lucidez por qué es tan importante mantener estas armas. Una de las explicaciones más claras la encontramos en un documento parcialmente desclasificado de la era Clinton creado por el Comando Estratégico (STRATCOM) que está a cargo de la política y el uso de armas nucleares. El documento se llama *Essentials of Post-Cold War Deterrence* [*Aspectos esenciales de la disuasión pos-guerra fría*]. «Disuasión», lo mismo que «defensa», es un término orwelliano que se refiere a la coerción y al ataque. En el documento se explica que las «armas nucleares proyectan su sombra sobre cualquier crisis o conflicto», y que por tanto tienen que estar a disposición y estar listas para su uso. Si el adversario sabe que disponemos de ellas, y que podemos usarlas, debería echarse atrás: una característica de la diplomacia de Kissinger. En este sentido, el uso de las armas nucleares es constante, un punto en el que Dan Ellsberg ha insistido mucho, del mismo modo que utilizamos un arma cuando robamos en una tienda, pero luego no disparamos. Una parte del informe se titula «Mantenimiento de la ambigüedad». Aconseja que los «planificadores no deberían ser demasiado racionales a la hora de determinar lo que el oponente valora más», que es a lo que debe apuntarse.

«La posibilidad de que Estados Unidos pueda convertirse en irracional y vengativo si sus intereses vitales son atacados debería formar parte de la imagen nacional que proyectemos», dice el informe, y luego añade que es «beneficioso» para nuestra postura estratégica si «algunos elementos pueden parecer como potencialmente "fuera de control"». La teoría del loco de Nixon, aunque esta vez claramente articulada en un documento de uso interno, no meramente una compilación hecha por un consejero (Haldeman, en el caso de Nixon).

Como otros documentos inmediatamente posteriores a la guerra fría, este ha permanecido virtualmente ignorado. (Lo he citado en bastantes ocasiones y todavía no ha llamado la atención, que yo sepa.) La negligencia es bastante interesante. La simple lógica basta para mostrar que el registro documental tras la desaparición de la presunta amenaza rusa sería muy revelador de lo que realmente debió de suceder en otros tiempos.

**La administración Obama ha hecho algunas aberturas hacia Cuba. ¿Cree que está cerca el día en que concluya el embargo?**

El mundo entero lleva mucho tiempo oponiéndose al embargo, tal como revelan los votos anuales sobre el embargo en la asamblea general de la ONU. En estos momentos Estados Unidos solamente recibe el apoyo de Israel. Antes podía contar también con el de alguna isla del Pacífico o con alguna otra dependencia. Naturalmente, Latinoamérica en bloque se opone. De una manera más interesante, grandes sectores del capital de Estados Unidos se han situado desde hace mucho tiempo en favor de la normalización de relaciones: negocios agrícolas, farmacéuticos, de energía, de turismo y otros. Es normal que se ignore a la opinión pública, pero el menoscabo de las opiniones del mundo de los negocios nos dice que en este caso se concitan «razones de Estado» significativas. Los registros internos nos ofrecen una buena idea de cuáles son estos intereses.

Desde los años Kennedy hasta hoy se ha considerado un escándalo el «éxito del desafío» cubano a las políticas de Estados Unidos, lo que se remonta hasta la Doctrina Monroe, que señalaba la intención de controlar el hemisferio. El objetivo no era realizable por una debilidad relativa, tal como la fuerza disuasoria británica evitó que Estados Unidos alcanzara su primer objetivo de «política exterior», la conquista de Cuba, en la década de 1820 (en este caso el término «política exterior» se utiliza en su sentido convencional, que se adhiere a lo que el historiador del imperialismo Bernard Porter llama «la falacia del agua salada»: la conquista se hace imperial solamente cuando cruza el agua salada, de manera que la destrucción de las naciones indias y la conquista de la mitad de México no fueron «imperialismo»). Estados Unidos sí que cumplió el objetivo en 1898, con su intervención para prevenir la liberación de Cuba del dominio español, de manera que la convirtió en una colonia virtual.

Washington no se ha reconciliado nunca con la intolerable arrogancia de Cuba al lograr su independencia en 1959, que fue parcial, ya que Estados Unidos no quiso devolver la valiosa región de la bahía de Guantánamo, tomada por «tratado» en 1903 y luego no devuelta, a pesar de las solicitudes del Gobierno de Cuba. De paso, habría que recordar que las peores violaciones de los derechos humanos en la isla tienen lugar en este territorio robado, al que Estados Unidos tiene tanto derecho como Rusia lo tiene a Crimea, también tomada a la fuerza.

Pero para volver a la cuestión, resulta difícil predecir si Estados Unidos va a estar de acuerdo en levantar el embargo a cambio de algún tipo de capitulación cubana a sus demandas, que se remontan a casi doscientos años atrás.

**¿Cómo evalúa la significación histórica y el impacto de la revolución cubana en los asuntos internacionales y en el camino de la realización del socialismo?**

En los asuntos internacionales el impacto fue extraordinario. En primer lugar, Cuba jugó un papel muy significativo en la liberación de África occidental y de Sudáfrica. Sus tropas hicieron retroceder una invasión de Angola por parte de Sudáfrica y apoyada por Estados Unidos, y obligaron a Sudáfrica a abandonar su intento de establecer un sistema de apoyo regional y a renunciar a su control ilegal sobre Namibia. El hecho de que las tropas de cubanos negros derrotaran a los sudafricanos tuvo un impacto psicológico enorme tanto en el África blanca como en la negra. Fue un remarcable ejercicio de internacionalismo comprometido, llevado a cabo a pesar del superpoder reinante, que era el último apoyo del apartheid en Sudáfrica, y con generosidad total y absoluta. Por eso no ha de extrañarnos que al salir de la cárcel Nelson Mandela una de sus primeras declaraciones fuera esta:

> Durante todos mis años en prisión, Cuba fue una inspiración y Fidel Castro, una torre de fuerza. [...] Las victorias cubanas destruyeron el mito de la invencibilidad del opresor blanco e inspiraron a las masas luchadoras de Sudáfrica [...] en un punto de inflexión para la liberación de nuestro continente —y de mi pueblo— del azote del apartheid. [...] ¿Qué otro país puede mostrar una historia de mayor desinterés que la que ha exhibido Cuba en sus relaciones con África?

Y la asistencia médica cubana en áreas pobres y problemáticas también es algo único.

En un plano interno, los logros que se alcanzaron fueron muy significativos, entre ellos simplemente sobrevivir frente a los esfuerzos estadounidenses de llevar «los terrores de la tierra» a Cuba (en una expresión de Arthur Schlesinger en su biografía de Robert Kennedy, que tenía encomendada esta tarea como máxima prioridad) y frente al agresivo embargo. Las campañas de alfabetización también fueron un éxito, y la buena reputación del sistema de salud está muy justificada. Las violaciones de los derechos humanos y las restricciones de las libertades políticas y personales son severas. Podemos discutir cuánto es atribuible al ataque externo y cuánto a las opciones políticas independientes, pero para un estadounidense condenar estas violaciones sin un reconocimiento completo de su propia inmensa responsabilidad es algo que da a la hipocresía un nuevo significado.

**¿Estados Unidos sigue siendo el principal apoyo del terrorismo en el mundo?**

Un informe de diversos libros recientes sobre la campaña mundial de asesinatos con drones de Obama en el *American Journal of International Law* concluye que es un «hecho claro» que la campaña es «ilegal»: «Los ataques estadounidenses con drones generalmente son una violación del derecho internacional, empeoran el problema del terrorismo y transgreden principios morales fundamentales.» Me parece una afirmación juiciosa. Los detalles de la máquina presidencial de matar fría y calculadamente son pavorosos, lo mismo que el intento de justificarlo legalmente, como la postura del Departamento de Justicia de Obama sobre la «presunción de inocencia», una piedra fundamental de la ley moderna que se remonta a la Magna Carta de hace ochocientos años. Tal como se explicaba en el *New York Times*, «el señor Obama adoptó un sistema de recuento de víctimas civiles con el que difícilmente puede invocar ese principio. Efectivamente, cuenta a todos los hombres en edad militar en una zona en conflicto como combatientes, según diversos funcionarios de la administración, a menos que informaciones explícitas prueben póstumamente que son inocentes». Póstumamente, es decir, después del asesinato. En amplias áreas tribales de Paquistán y Yemen, lo mismo que en otros lugares, las poblaciones están traumatizadas por el miedo a que en cualquier momento se produzca un asesinato repentino desde el cielo. Akbar Ahmed, el distinguido antropólogo, con una larga experiencia profesional y personal en las sociedades tribales que están siendo objeto de estos ataques en todo el mundo, explica con contundencia que estos asaltos homicidas provocan una dedicación a la venganza, y eso no es sorprendente. ¿Cómo reaccionaríamos nosotros?

Solamente por estas campañas, en mi opinión, se garantiza ese trofeo para Estados Unidos.

**Históricamente, bajo el capitalismo, el saqueo de los pobres y de los recursos naturales de las naciones pobres ha sido el pasatiempo favorito tanto de los Estados ricos como de los imperiales. En el pasado, este saqueo se hacía sobre todo a través de la explotación física y de la conquista militar. ¿En qué medida han cambiado los medios de explotación bajo el capitalismo financiero?**

El secretario de Estado, John Foster Dulles, se quejó en una ocasión al presidente Eisenhower de que los comunistas tenían una ventaja injusta. Ellos pueden «apelar directamente a las masas» y «tomar el control de los movimientos de masas, y eso nosotros no tenemos capacidad para repetirlo. Ellos disponen del recurso a las personas pobres, y estas siempre han querido despojar a los ricos». Resultaría bastante difícil vender el principio de que los ricos tengan derecho a despojar a los pobres.

También es cierto que los medios han cambiado. Los «tratados de libre comercio» (TLC) son un buen ejemplo, incluso los que ahora se están negociando, en su mayor parte a escondidas de la población, pero no de los abogados de las empresas ni de los grupos de presión que están escribiendo los detalles. Los TLC rechazan el «libre comercio»: son altamente proteccionistas, con onerosas regulaciones de patentes para garantizar beneficios exorbitantes para la industria farmacéutica, conglomerados de medios de comunicación y otros, así como protección para que acaudalados profesionales, muy diferentes a los trabajadores, que tienen que competir con todos los del mundo, con consecuencias obvias. Los TLC en una gran medida no tienen que ver ni siquiera con el comercio, sino con derechos de inversión, como los derechos de las corporaciones (que no están formadas, naturalmente, meramente por gente de carne y hueso) para denunciar a los gobiernos por acciones que pudieran reducir los beneficios potenciales de investigadores extranjeros, como las regulaciones ambientales, sanitarias o de seguridad. Gran parte de eso que se llama «comercio» no merece ese nombre: por ejemplo, la producción de partes en Indiana, el ensamblaje en México, la venta en California, todo básicamente en el circuito de una economía dirigida, una megacorporación. La circulación de capitales es libre. La circulación de fuerza de trabajo puede ser cualquier cosa menos, violando lo que Adam Smith reconocía como un principio básico del libre comercio, libre circulación de la fuerza de trabajo. Y para empeorarlo todavía más, los TLC no son ni siquiera tratados, al menos si se considera a las personas como miembros de sociedades democráticas.

**¿Quiere esto decir que vivimos una era posimperialista?**
A mí esto me parece solamente una cuestión de terminología. La dominación y la coerción toman muchas y muy variadas formas, mientras el mundo cambia.

**En los años recientes hemos visto a algunos de los llamados líderes progresistas llegar al poder a través de las urnas para luego traicionar sus promesas en el momento en que toman el mando. ¿Qué medios o mecanismos deberían introducirse en los sistemas realmente democráticos para asegurar que los representantes electos no traicionarán la confianza de los votantes? Por ejemplo, los antiguos atenienses habían concebido algo llamado «derecho de revocación», que en el siglo XIX se convirtió en un elemento crítico, aunque poco**

**conocido, en el proyecto político para el orden político y social de ciertos movimientos socialistas. ¿Está a favor de rescatar este mecanismo como un elemento crítico para una democracia real y sostenible?**

Pienso que el derecho de revocación podría ser de algún modo un argumento muy sólido, apoyado mediante facilidades para que una investigación libre e independiente controle lo que los representantes electos hacen. El gran logro de Chelsea Manning, Julian Assange, Edward Snowden y otros denunciadores es que salvaguardan estos derechos fundamentales de los ciudadanos y los fomentan. En este sentido es instructiva la reacción de las autoridades estatales. Ya es conocido que la administración Obama ha batido todos los récords en cuanto al castigo de los denunciadores. También es remarcable ver lo intimidada que está Europa. Tuvimos un ejemplo evidente cuando el avión del presidente boliviano Evo Morales volvía a casa tras una visita a Moscú, y los países europeos tenían tanto miedo a Washington que no querían que cruzara su espacio aéreo, por si acaso transportaba a Edward Snowden. Cuando el avión aterrizó en Austria, la policía lo registró, lo que es una violación del protocolo diplomático.

**¿Cree que no podría justificarse nunca un acto de terrorismo contra líderes que traicionan descaradamente la confianza de sus votantes?**

«Nunca» es una palabra muy fuerte, y resulta difícil conjurar circunstancias realistas. La carga de pruebas para cualquier recurso a la violencia debería ser realmente abrumadora, y un caso así parecería extremadamente difícil de justificar.

**La naturaleza humana es como es, y los individuos tienen claramente habilidades, recursos, intereses y aspiraciones diversos. Entonces, una sociedad realmente igualitaria, ¿es realmente factible y/o deseable?**

La sociedad humana comprende a santos y a pecadores, y cada uno de nosotros posee estas capacidades. No veo ningún conflicto entre una visión igualitaria y la variedad humana. Tal vez uno podría argüir que los que disponen de mayores facultades y talentos ya están recompensados por la facultad de ejercerlos, así que merecen menor recompensa externa... Aunque eso yo no lo sostengo. En cuanto a la factibilidad de unas instituciones y prácticas sociales más justas y libres, nunca podemos tener esa certeza por adelantado, y solamente nos queda seguir ejerciendo toda la presión posible sobre los límites. No veo por qué razón deberíamos anticipar un fracaso en este sentido.

**Según su visión, ¿en qué consistiría una sociedad decente y qué forma de orden mundial se necesitaría para eliminar completamente las preguntas sobre quién domina el mundo?**

Podemos construir visiones de «paz perpetua» si llevamos adelante el proyecto kantiano, y de una sociedad de individuos libres y creativos no sujetos a la jerarquía, la dominación, la norma y las decisiones arbitrarias. En mi opinión —aunque amigos y colegas a los que respeto no están de acuerdo—, no sabemos lo bastante como para ofrecer todos los detalles confiadamente, y puedo anticipar que a lo largo del camino será necesaria una considerable experimentación. Tenemos tareas muy urgentes e inmediatas, muy especialmente nos enfrentamos literalmente a cuestiones de supervivencia de las sociedades humanas organizadas, cuestiones que no se habían planteado nunca en la historia de la humanidad y que ahora mismo son ineludibles. Y también hay otras muchas tareas que requieren un trabajo intenso e inmediato. Tiene mucho sentido mantener en la cabeza aspiraciones a más largo plazo como pautas para las opciones inmediatas, lo mismo que reconocer que estas pautas no son inmutables. Eso nos deja con mucho trabajo por delante.

# Todo funciona de maravilla para los ricos y poderosos*

**C. J. Polychroniou: Según la ideología neoliberal, el gobierno es un problema, la sociedad no existe y los individuos son los responsables de su propia suerte. Sin embargo, tanto los grandes negocios como los ricos dependen más que nunca de la intervención del Estado para mantener su control sobre la economía y para disfrutar de una porción todavía mayor del pastel. Eso del neoliberalismo, ¿no sería un mito, un ente puramente ideológico?**

Noam Chomsky: El término «neoliberal» es algo engañoso, porque esas doctrinas ni son nuevas ni son liberales. Tal como dices, el gran negocio para los ricos depende de lo que el economista Dean Baker llama «el Estado-niñera conservador» que ellos se encargan de alimentar. Eso es algo evidente en las instituciones financieras. Un estudio reciente del FMI atribuye los beneficios de los grandes bancos casi enteramente a la política implícita de cobertura de los gobiernos («demasiado grandes para caer»), y ya no son solamente los rescates que se han hecho públicos, sino también el acceso al crédito barato, las calificaciones favorables a causa de la garantía estatal y mucho más. Lo mismo es cierto para la economía productiva. La revolución de

* En coautoría con Anastasia Giamali. Publicado originalmente en *Truthout*, 8 de diciembre de 2013.

las tecnologías de la información, que ahora es su fuerza motriz, estaba muy vinculada a la investigación y desarrollo, la gestión y otros mecanismos. Es una pauta que se remonta hasta la primera industrialización inglesa.

Sin embargo, ni el «neoliberalismo» ni sus versiones tempranas, como el «liberalismo», han sido ningún mito, sobre todo si pensamos en sus víctimas. El historiador económico Paul Bairoch ha sido uno de los muchos que ha mostrado que «el liberalismo económico obligatorio del tercer mundo en el siglo XIX es un factor de gran importancia para explicar el retraso en su industrialización», o más bien su «desindustrialización», una historia que continúa hasta el presente, enmascarada bajo diversas formas.

Para decirlo brevemente, las doctrinas son, en una medida sustancial, un «mito» para los ricos y poderosos, que se las arreglan de diversas maneras para protegerse de las fuerzas del mercado, pero no para los pobres y los débiles, que sufren sus estragos.

**¿Cómo se explica la supremacía de la regla basada en el mercado y en las finanzas depredadoras en una época que ha experimentado la crisis más destructiva del capitalismo desde la Gran Depresión?**

La explicación básica es la habitual: todo funciona la mar de bien para los ricos y poderosos. En Estados Unidos, por ejemplo, los parados se cuentan por decenas de millones, y no se sabe cuántos millones, en una situación desesperada, han quedado fuera de la población activa, mientras que los salarios, lo mismo que las condiciones de vida, han quedado en gran parte estancados o se han reducido. Pero los grandes bancos, con la responsabilidad que tuvieron en la última crisis, son más grandes y más ricos que nunca. Los beneficios empresariales están batiendo récords, una riqueza que va más allá de los sueños de la avaricia se acumula entre los que cuentan, y los trabajadores se ven debilitados de manera severa por el acoso a los sindicatos y por la «creciente inseguridad del trabajador», según la expresión que

Alan Greenspan utilizó a la hora de explicar el gran éxito de la economía que él dirigía, cuando todavía era «san Alan», tal vez el mayor economista desde Adam Smith, antes del derrumbe de la estructura que había administrado, junto con sus fundaciones intelectuales. Así que no hay queja.

El crecimiento del capital financiero está relacionado con el declive en el índice de beneficio en la industria, y con las nuevas oportunidades para distribuir la producción más extensamente a lugares en los que los trabajadores estén más explotados y las restricciones al capital sean menores, mientras los beneficios se distribuyen en lugares con tipos fiscales más bajos («globalización»). Este proceso se ha visto favorecido por desarrollos técnicos que facilitan el crecimiento de un «sector financiero fuera de control» que «se está comiendo la economía de mercado moderna (es decir, la economía productiva) desde dentro, lo mismo que esas larvas que se comen al anfitrión en el que se han depositado», según la evocadora frase de Martin Wolf, probablemente el corresponsal más respetado de la prensa de habla inglesa, en el *Financial Times*.

Dejando esto de lado, la «regla basada en el mercado» impone una dura disciplina sobre la mayoría, pero los pocos que cuentan se protegen eficazmente de ella.

**¿Qué le parece el argumento de un dominio de la élite transnacional y del fin de la nación-estado, especialmente cuando sus propulsores reivindican que ya tenemos encima este «Nuevo Orden Mundial»?**

Algo de eso hay, pero no debemos exagerar. Las multinacionales siguen apoyándose en el Estado natal para protegerse económica y militarmente, y sustancialmente también para la innovación. Las instituciones internacionales permanecen en gran parte bajo el control de los estados más poderosos, y en general el orden global basado en el Estado sigue razonablemente estable.

**Europa se acerca cada vez más al final del «contrato social». ¿Le sorprende que esto ocurra?**

En una entrevista, Mario Draghi informaba al *Wall Street Journal* de que «el tradicional contrato social del continente europeo», que tal vez sea su mayor contribución a la civilización contemporánea, «es obsoleto» y debe ser desmantelado. Y él es uno de los burócratas internacionales que está haciendo más para proteger sus vestigios. A los negocios nunca les ha gustado eso del contrato social. Recuerdo la euforia en la prensa financiera cuando la caída del «comunismo» ofreció una nueva fuerza de trabajo —educada, formada, saludable, e incluso rubia y de ojos azules— que podía usarse para recortar el «estilo de vida lujoso» de los trabajadores occidentales. Y esto no es el resultado de fuerzas inexorables de tipo económico ni nada por el estilo, sino un diseño político basado en el interés de los diseñadores, que tienen más posibilidades de ser banqueros y directores generales que de ser los empleados que les limpian las oficinas.

**Uno de los mayores problemas a los que se enfrentan en muchas partes del capitalismo avanzado es la carga de la deuda, tanto pública como privada. En las naciones periféricas de la Eurozona, en particular, la deuda tiene efectos sociales catastróficos, porque «el pueblo siempre paga», como usted decía sin rodeos en el pasado. Por el bien de los activistas de hoy en día, ¿podría explicarnos en qué sentido la deuda es «una construcción social e ideológica»?**

Las razones son muchas. Una la captó muy bien una frase de la directora ejecutiva del FMI en Estados Unidos, Karen Lissakers, quien describió la institución como «refuerzo del crédito de la comunidad». En una economía capitalista, si me dejas dinero y yo no puedo pagarte, es tu problema: no puedes pedir que mis vecinos lo paguen. Pero desde que los ricos y poderosos se protegen de la disciplina de mercado, los mecanismos son otros cuando un gran banco deja dinero a prestatarios de riesgo, y por tanto a alto interés y beneficio, y en algún momento no pueden pagar. Entonces el «refuerzo del crédito de la comunidad» acude al rescate y se asegura de que la deuda se paga, transferida al público general mediante programas de ajuste estructural, austeridad, etcétera. Cuando a los ricos no les gusta pagar esas deudas, pueden declararlas «odiosas» y por tanto inválidas, e imponerlas a los débiles por medios injustos. Una gran parte de la deuda es «odiosa» en este sentido, pero son muy pocos los que pueden apelar a instituciones poderosas para rescatarlos de los rigores del capitalismo.

Existen muchos otros mecanismos. J. P. Morgan Chase acaba de recibir una multa de trece mil millones de dólares (la mitad desgravables) por lo que debería considerarse comportamiento criminal en tramas de hipotecas fraudulentas, debido a las cuales las víctimas habituales sufren cargas de deuda inasumibles.

El inspector general del programa de rescate del Gobierno estadounidense, Neil Barofsky, apuntaba que oficialmente se trataba de una oferta legislativa: había que rescatar a los bancos culpables, mientras a las víctimas, personas que perdían sus casas, se les había de dar algún tipo de protección y apoyos limitados. Tal como lo explica, solo se cumplió seriamente con la primera parte de la oferta, y el plan se convirtió en un «regalo para ejecutivos de Wall Street», lo que no puede sorprender a nadie que entienda lo que es el «capitalismo real».

Y la lista continúa.

**En el transcurso de la crisis se retrató a los griegos por todo el mundo como evasores de impuestos perezosos y corruptos a los que solamente les gustaba manifestarse. ¿Cuáles son los mecanismos utilizados para persuadir a la opinión pública? ¿Se pueden aplacar?**

Esos retratos los presentan quienes disponen de la riqueza y el poder para sustentar el discurso prevalente. A la distorsión y el engaño solamente podemos enfrentarnos socavando su poder y creando órganos de poder popular, como en otros casos de opresión y dominio.

**¿Cuál es su opinión sobre lo que está pasando en Grecia, sobre todo en relación con las constantes demandas de la**

**troika y al inflexible deseo de Alemania de avanzar en la causa de la austeridad?**

Por lo que parece, el objetivo primordial de las demandas alemanas sobre Atenas, bajo la administración de la crisis de la deuda, es hacerse con cualquier cosa que tenga valor en Grecia. Por lo visto en Alemania hay quien desearía imponer las condiciones de un esclavismo económico virtual sobre los griegos.

**Parece probable que el próximo Gobierno en Grecia sea el de la Coalición de la Izquierda Radical. ¿Cuál debería ser su enfoque hacia la Unión Europea y los acreedores de Grecia? Por otra parte, un gobierno de izquierdas, ¿debería dar confianza a los sectores más productivos de la clase capitalista, o debería adoptar los elementos centrales de una ideología tradicional obrerista-populista?**

Estas son preguntas difíciles por su vertiente práctica. Para mí resultaría más fácil esbozar lo que me gustaría que pasara, pero, dadas las realidades existentes, cualquier camino que se siguiera tendría sus riesgos y costes. Incluso si estuviera en disposición de asesorarlos —y no lo estoy—, sería irresponsable reclamar una política sin un análisis y unas evidencias serias.

**Las ansias de destrucción del capitalismo nunca se han puesto en duda, pero en los escritos recientes ha prestado cada vez mayor atención a la destrucción del medio ambiente. ¿De verdad cree que la civilización humana está en juego?**

Creo que la supervivencia humana en condiciones decentes está en peligro. Las primeras víctimas, como siempre, son las más débiles y vulnerables. Eso ha sido evidente incluso en la cumbre sobre cambio climático que acaba de concluir en Varsovia, con escasos resultados. Y parece que se dan todas las circunstancias para que eso continúe. Un historiador del fututo —si queda alguno— observaría el espectáculo actual con perplejidad. A la cabeza de quienes intentan advertir de la probable catástrofe están las llamadas sociedades primitivas: las primeras naciones de Canadá, los pueblos indígenas de Sudamérica y demás, por todo el mundo. Vemos que en Grecia tiene lugar hoy la lucha por la protección medioambiental, en donde los residentes de Skuries en Halkidiki están oponiendo una heroica resistencia tanto ante los objetivos predadores de Eldorado Gold como ante las fuerzas de policía movilizadas por el Estado griego en apoyo de la compañía multinacional.

Las sociedades más ricas y poderosas, con ventajas incomparables, como Estados Unidos o Canadá, son las que encabezan con mayor entusiasmo la carrera hacia el abismo. Es lo opuesto a lo que la racionalidad predeciría, aparte de la lunática racionalidad de la «democracia capitalista que realmente existe».

**Estados Unidos sigue siendo un imperio mundial y, según sus consideraciones, opera bajo el «principio de la Mafia», lo que significa que el padrino no tolera «desafíos exitosos». ¿Está el imperio americano en declive? Si es así, ¿constituye esto una amenaza mayor para la paz y la seguridad mundiales?**

La hegemonía global alcanzó un pico sin precedentes en 1945, y desde entonces ha estado en declive constante. Sigue siendo un poder enorme y duro, pero se está haciendo más diversificado, no hay un único competidor a la vista. Se invoca continuamente el principio tradicional de la Mafia, pero la habilidad para implementarlo está más constreñida. La amenaza a la paz y la seguridad es muy real. Para poner tan solo un ejemplo: la campaña de drones del presidente Obama es la operación terrorista más amplia y destructiva que se realiza en estos momentos. Estados Unidos y su cliente israelí violan el derecho internacional con completa impunidad, por ejemplo, con amenazas de ataque a Irán («todas las opciones están abiertas»), en contra de lo estipulado en los principios centrales de la carta de la ONU. La US Nuclear Posture Review («revisión de la postura nuclear de EE. UU.») de 2010 es más agresiva en su tono que sus predecesoras, y eso constituye un aviso que no debería ignorarse. Generalmente, la concentración de poder supone un peligro, y en este caso también.

**En el conflicto israelí-palestino ha insistido muchas veces en que el debate un Estado / dos Estados es irrelevante.**

El debate un Estado / dos Estados es irrelevante porque un Estado no es una opción. Es peor que irrelevante: es una distracción frente a la realidad.

Las opciones actuales son (a) dos Estados o (b) una continuación de lo que Israel está haciendo ahora con apoyo de Estados Unidos: mantener Gaza bajo un sitio aplastante, separada de Cisjordania; adueñarse sistemáticamente de lo que encuentra de valor en esta última región, al tiempo que la integra más a Israel, haciéndose con las zonas en donde los palestinos son más escasos; y expulsar silenciosamente a los que allí viven. Los contornos están muy claros en los programas de desarrollo y de expulsión.

Dada la opción (b), no hay motivo para que Israel o Estados Unidos tuvieran que mostrar su acuerdo a la propuesta de un Estado, que por otra parte no tiene ningún apoyo internacional. A menos que la realidad de la evolución de la situación se reconozca, hablar de un Estado (derechos civiles / lucha antiapartheid, «problema demográfico», etcétera) no es más que una distracción que implícitamente lleva a apoyar la opción (b). Esta es la lógica esencial de la situación, guste o no guste.

**Ha afirmado que los intelectuales de la élite son los que le fastidian más. ¿Es porque fusiona la política con la moralidad?**

Los intelectuales de la élite, por definición, disfrutan de muchos privilegios. Los privilegios proveen de opciones y confieren responsabilidad. Los más privilegiados están en una mejor posición para obtener información y actuar de maneras que influirán en la toma de decisiones políticas. Una evaluación de su papel sigue adelante ahora mismo.

Es cierto que creo que la gente debería vivir asumiendo sus responsabilidades morales elementales, una posición que no debería necesitar ninguna defensa. Y las responsabilidades de alguien en una sociedad más libre y abierta son, otra vez obviamente, mayores que las de quienes pueden tener que pagar algún coste por su honestidad e integridad. Si los comisarios de la Rusia soviética estuvieron de acuerdo en subordinarse al poder del Estado, por lo menos podían alegar miedo como atenuante. Sus homólogos en sociedades más abiertas y libres pueden alegar tan solo cobardía.

**El documental animado de Michel Gondry *Is the Man Who Is Tall Happy?* acaba de estrenarse en cines de Nueva York y de otras ciudades importantes de Estados Unidos, después de haber recibido críticas estupendas. ¿Ha visto la película? ¿Le gustó? [*Nota del editor:* Is the Man Who Is Tall Happy? *se basa en una serie de entrevistas a Noam Chomsky.*]**

Sí que la he visto. Gondry es realmente un gran artista. La película está hecha con mucha delicadeza e inteligencia y consigue captar algunas ideas importantes (que a menudo no se entienden ni siquiera en nuestra esfera) de una manera muy simple y clara, con toques personales que me parecen muy sensibles e inteligentes.

## ¿Podrá la civilización sobrevivir al «capitalismo realmente existente»?*

**C. J. POLYCHRONIOU: En una alocución televisiva en las vísperas del décimo tercer aniversario de los ataques a Estados Unidos del 11 de septiembre de 2001, Obama anunció al pueblo americano y al resto del mundo que Estados Unidos volvía a la guerra en Irak, esta vez contra el autoproclamado Estado Islámico de Irak y Siria (ISIS). ¿Piensa que Irak es una cuestión pendiente de la invasión de 2003, o esta situación es la consecuencia inevitable de la agenda estratégica del Imperio del Caos?**

NOAM CHOMSKY: «Inevitable» es una palabra fuerte, pero la aparición del ISIS y la extensión en general del yihadismo radical es en gran parte una consecuencia natural del mazazo de Estados Unidos en la frágil sociedad de Irak, que apenas empezaba a cohesionarse después de una década de sanciones de Estados Unidos y del Reino Unido tan onerosas que los dos respetados diplomáticos internacionales que las administraban a través de la ONU dimitieron como protesta, calificándolas de «genocidas».

Uno de los analistas sobre Oriente Medio más respetados entre los medios habituales en Estados Unidos, Graham Fuller, que antes había sido agente de la CIA, escribió recientemente

* Originalmente publicado en *Truthout*, 1 de octubre de 2014.

esto: «Creo que Estados Unidos es uno de los creadores clave del ISIS. Estados Unidos no planificó la formación del ISIS, pero sus destructivas intervenciones en Oriente Medio y la guerra de Irak fueron las causas básicas del nacimiento del ISIS.»

Creo que tiene razón. La situación es un desastre para Estados Unidos, pero es una consecuencia natural de la invasión. Una de las consecuencias nefastas de la agresión de Estados Unidos y el Reino Unido fue la inflamación de conflictos sectarios que ahora están desgarrando Irak, y que se han extendido a toda la región, con horribles consecuencias.

**El ISIS parece representar un nuevo movimiento yihadista, con mayores tendencias inherentes hacia la barbarie en su empeño por reestablecer un califato islámico, pero aparentemente parece más capaz de reclutar a musulmanes radicales jóvenes del corazón de Europa, o incluso de lugares tan lejanos como Australia, que la misma Al Qaeda. En su opinión, ¿por qué el fanatismo religioso se ha convertido en una fuerza motriz para tantos movimientos musulmanes de todo el mundo?**

Como hicieron antes los británicos, Estados Unidos ha tendido a apoyar al islamismo radical y a oponerse al nacionalismo laico, al que ambos Estados imperialistas han considerado una mayor amenaza para los objetivos de dominio y control que se marcaban. Cuando se anulan las opciones laicas, el extremismo religioso suele llenar el vacío. En este sentido, Arabia Saudí, un aliado principal de Estados Unidos desde hace muchos años, es el Estado islamista más radical del mundo, y también es un Estado misionero, que utiliza sus grandes reservas de petróleo para promulgar sus doctrinas wahabitas/salafistas estableciendo escuelas y mezquitas, y de otras maneras, y también ha sido la fuente principal para la fundación de grupos islamistas radicales, junto con los emiratos del Golfo, todos ellos aliados de Estados Unidos.

Vale la pena recordar que el fanatismo religioso se está extendiendo también en Occidente, paralelamente a la erosión de la democracia. Estados Unidos es un ejemplo que llama la atención. No hay muchos países en el mundo en los que una amplia mayoría de la población crea que la mano de Dios guía la evolución, y casi la mitad de estos creen que el mundo fue creado hace unos pocos miles de años. Y como el Partido Republicano se ha vuelto tan extremista a la hora servir a la sanidad y al poder empresarial que no puede apelar al público en sus políticas actuales, se ha visto obligado a vincularse a estos sectores como base de votos, lo que les ha otorgado una influencia sustancial en política.

**Estados Unidos cometió grandes crímenes de guerra en Irak, pero los actos de violencia que estos días se cometen contra civiles en el país, particularmente contra niños y personas de diferentes comunidades étnicas y religiosas, también resultan terribles. Dado que el período de estabilidad política más largo de Irak fue el de Sadam Husein, ¿qué lecciones didácticas puede uno extraer de la situación extremadamente complicada en esa parte del mundo?**

La lección más elemental es que lo prudente es adherirse a las normas civilizadas y al derecho internacional. La violencia criminal de los Estados matones como Estados Unidos y el Reino Unido no garantiza unas consecuencias catastróficas, pero cuando estas consecuencias se dan resulta difícil decir que nos sorprenden.

**Los ataques contra las bases del ISIS sin la aprobación y la colaboración del régimen sirio de Bashar al Asad constituiría una violación del derecho internacional, según clamaban Damasco, Moscú y Teherán antes del inicio del bombardeo. Sin embargo, ¿no es cierto que la destrucción de las fuerzas del ISIS en Siria llevaría a un fortalecimiento del régimen sirio? ¿O es que el régimen de Asad tiene miedo porque puede ser el próximo?**

El régimen de Asad ha permanecido bastante callado. Por ejemplo, no ha apelado al Consejo de Seguridad para detener el ataque, que es sin duda una violación de la Carta de la ONU, el fundamento del derecho internacional moderno (y, por si a alguien le interesa, parte de la «ley suprema del país» en Estados Unidos, según la Constitución). El régimen asesino de Asad sin duda puede ver lo que el mundo ve: el ataque de Estados Unidos al ISIS debilita a su principal enemigo.

**Además de algunas naciones occidentales, los países árabes también han ofrecido apoyo militar a los ataques de Estados Unidos contra el ISIS en Irak y Siria. ¿Debemos considerarlo un caso en que una forma de islamismo fundamentalista (Arabia Saudí, por ejemplo) muestra su miedo hacia otra forma de fundamentalismo islámico (ISIS)?**

Tal como reportaba con precisión el *New York times*, ese apoyo es «tibio». Los regímenes seguramente temen al ISIS, pero este sigue obteniendo fondos de los ricos donantes de Arabia Saudí y de los Emiratos, y sus raíces ideológicas, como he mencionado, están en el extremismo saudita radical, que no se ha reducido.

**La vida en Gaza ha vuelto a la normalidad después de que Hamás e Israel hayan acordado un alto el fuego. ¿Cuánto cree que durará?**

Yo dudaría a la hora de utilizar el término «normalidad». La última arremetida fue incluso más violenta que las precedentes, y su impacto es horrendo. La dictadura militar egipcia, que es rabiosamente anti-Hamás, también contribuye a la tragedia.

¿Qué ocurrirá a continuación? La pauta se ha repetido desde que se alcanzara el primer acuerdo entre Israel y la Autoridad Nacional Palestina en noviembre de 2005. Estipulaba un «cruce entre Gaza y Egipto en Rafá para la exportación de bienes y el tránsito de personas, continuos cruces entre Israel y Gaza para la importación/exportación de artículos y para el tránsito de personas, reducción de obstáculos al movimiento dentro de Cisjordania, convoyes de autobuses y camiones entre Cisjordania y Gaza, construcción de un puerto en Gaza y reapertura del aeropuerto de Gaza», que los bombardeos israelitas habían demolido.

Los últimos acuerdos han sido variaciones sobre los mismos temas, y el actual lo mismo. En cada una de las ocasiones, Israel ha hecho caso omiso de los acuerdos mientras que Hamás los cumplía (y en eso coincide Israel) hasta que alguna escalada en las acciones de Israel ha provocado la respuesta de Hamás, lo que da a los israelitas otra oportunidad de «cortar el césped», según la expresión elegante que utilizan. Entre tanto, los períodos de «calma» (lo que significa calma en un solo sentido) permiten a Israel llevar adelante sus políticas de hacerse con cualquier cosa de valor en Cisjordania y de dejar a los palestinos en cantones desmembrados. Todo esto, naturalmente, con un apoyo crucial por parte de Estados Unidos, tanto en el plano militar, como en el económico, el diplomático y el ideológico, para estructurar todos los temas de acuerdo con la perspectiva básica de Israel.

Este, realmente, era el propósito de la «retirada» de Israel de Gaza en 2005, mientras seguía siendo el poder ocupador, tal como reconocía todo el mundo (excepto Israel), incluso Estados Unidos. El arquitecto y jefe negociador de la «retirada» y colaborador cercano del primer ministro Sharon, Dov Weissglass, reveló el propósito cándidamente en su informe a la prensa:

> La significación del plan de retirada es la congelación del proceso de paz. Y cuando congelas ese proceso, previenes el establecimiento de un Estado palestino, y previenes el debate sobre los refugiados, las fronteras y Jerusalén. Efectivamente, todo este paquete llamado Estado palestino, con todo lo que conlleva, ha salido indefinidamente de nuestra agenda. Y todo esto con autoridad y permiso. Todo con la bendición presidencial [de EE. UU.] y la ratificación de ambas cámaras del Congreso.

Esta pauta se ha reiterado una y otra vez, y parece que ahora se representa de nuevo. Sin embargo, algunos comentaristas informados han sugerido que Israel tal vez podría finalizar su tortura sobre Gaza. Su absorción de la mayor parte de Cisjordania (con el Gran Jerusalén incluido) ha llegado tan lejos que las autoridades israelitas podrían contar con que sea irreversible. Y ahora tienen un aliado cooperador en la brutal dictadura militar de Egipto. Más aún: el auge del ISIS y la destrucción en general de la región han mejorado la alianza tácita con la dictadura saudita y posiblemente con otras. Resulta concebible que Israel abandonara su extremo negacionismo, aunque por ahora no parece que vaya a ser el caso.

**La última matanza de Israel en Gaza suscitó un sentimiento público en todo el mundo cada vez más contrario al Estado de Israel. ¿Hasta qué punto el apoyo incondicional proporcionado por Estados Unidos a Israel es la muestra de factores políticos internos, y en qué condiciones vería posible un cambio en la política de Washington hacia Tel Aviv?**

Se dan otros factores internos muy poderosos. Un ejemplo ilustrativo se dio en el último ataque israelita. En un momento dado, las armas israelitas parecían escasear, y Estados Unidos proporcionó a Israel más armas avanzadas que permitían seguir con el ataque. Estas armas se tomaron de los depósitos que Estados Unidos tiene desplegados en Israel, para el uso eventual de las fuerzas americanas, una de las abundantes indicaciones de las conexiones militares muy cercanas y en funcionamiento desde muchos años atrás. Las interacciones de los servicios de inteligencia están todavía mejor establecidas. Israel es también un lugar favorecido por los inversores estadounidenses, no solamente en su economía militar avanzada. Un enorme bloque de votantes de cristianos evangélicos es pro-Israel hasta el fanatismo. También opera el grupo de presión israelita, que trabaja casi siempre con el viento a favor y que retrocede cuando sus intereses se confrontan al poder de Estados Unidos, lo que no es de extrañar.

Sin embargo, también se dan cambios en los sentimientos

populares, particularmente entre la gente más joven, y entre la de la comunidad judía también. Es algo que experimento personalmente, como les ocurre a otros. No hace mucho tuve que contar con protección policial cuando hablé de estos temas en los campus, incluso en mi propia universidad. Eso ha cambiado en gran manera. En estos momentos la solidaridad con Palestina es un compromiso importante en muchos campus. Con el tiempo, estos cambios podrían combinarse con otros factores para llevar a un giro en la política de Estados Unidos. Ha pasado otras veces. Pero eso supondrá un trabajo serio y continuado.

**¿Cuáles son los objetivos de la política de Estados Unidos en Ucrania, aparte de crear problemas y luego dejar que otras fuerzas hagan el trabajo sucio?**

Inmediatamente tras la caída del Muro de Berlín y del derrumbamiento de la Unión Soviética que siguió, Estados Unidos empezó a intentar extender su dominio, incluyendo la pertenencia a la OTAN, sobre las regiones que se habían librado del control ruso, en lo que era una violación de las promesas verbales hechas a Gorbachov, a pesar de las protestas de este. Ucrania debe de ser la próxima fruta madura que Estados Unidos espera recolectar del árbol.

**¿La preocupación de Rusia sobre la potencial pertenencia de Ucrania a la OTAN es legítima?**

Sí, es una preocupación muy legítima, toda la que concierne a la expansión de la OTAN en general. Es algo tan obvio que ahora incluso se habla de ello en el artículo central de la revista principal de la clase dirigente, *Foreign Affairs*: John Mearsheimer, experto en relaciones internacionales, apunta que Estados Unidos está en la raíz de la actual crisis ucrania.

**Si miramos la actual situación en Irak, Siria, Libia, Nigeria, Ucrania, el mar de la China e incluso en partes de Europa, el reciente comentario en MSNBC de Zbigniew Brzezinski, «Nos enfrentamos a una variedad de caos que se extiende**

**dinámicamente en diversas partes del mundo», parece muy a propósito. ¿Hasta qué punto este contencioso se relaciona con el declive de una hegemonía global y con el equilibrio de poder que existía en la era de la guerra fría?**

El poder de Estados Unidos alcanzó su punto álgido en 1945 y desde entonces ha ido disminuyendo constantemente. En los años recientes se han producido muchos cambios. Uno es el ascenso de China como poder principal. Otro es la liberación latinoamericana del control imperial (durante el último siglo, del control de Estados Unidos) por primera vez en quinientos años. El surgimiento del bloque BRICS (Brasil, Rusia, India, China, Sudáfrica) y de la Organización de Cooperación de Shanghái (SCO por sus siglas en inglés), basada en China y que incluye a India, Paquistán, los Estados de Asia central y otros, tiene que ver con estos contenciosos.

Pero Estados Unidos sigue siendo el poder dominante del mundo, y por mucho.

**El último mes marcó el sexagésimo noveno aniversario del bombardeo atómico por parte de Estados Unidos de las ciudades de Hiroshima y Nagasaki, en Japón, pero el desarme nuclear sigue siendo una quimera. En uno de sus recientes artículos subrayaba la circunstancia de que hasta ahora simplemente hemos tenido suerte de haber evitado una guerra nuclear. ¿Cree, por tanto, que tarde o temprano las armas nucleares caerán en manos de grupos terroristas?**

Las armas nucleares ya están en manos de grupos terroristas: de Estados terroristas, con Estados Unidos destacando entre ellos. También es concebible que las armas de destrucción masiva caigan en manos de «terroristas al por menor», con lo que aumentarían mucho los enormes riesgos para la supervivencia.

**Desde finales de la década de 1970, la mayoría de las economías avanzadas han vuelto al capitalismo depredador. Como resultado, la desigualdad de ingresos y de riqueza ha alcanzado niveles espectaculares, la pobreza se está consoli-**

**dando, el desempleo se dispara y los niveles de vida declinan. Además, el «capitalismo realmente existente» causa un daño y una destrucción enormes en el entorno, lo cual, junto con la explosión demográfica, nos lleva a un desastre mundial sin paliativos. ¿Puede la civilización sobrevivir al capitalismo realmente existente?**

Primero, déjeme decir que lo que tengo en la cabeza cuando empleo el término «capitalismo realmente existente» es lo que realmente existe y lo que se llama «capitalismo». Estados Unidos es el caso más importante, por cuestiones obvias. El término «capitalismo» es lo suficientemente vago como para cubrir muchas posibilidades. Se usa habitualmente para referirse al sistema económico de Estados Unidos, que percibe una intervención del Estado sustancial, desde la innovación creativa hasta la política de garantías del tipo «demasiado grande para caer» para los bancos, y que está altamente monopolizado, con lo que se ha limitado la confianza de los mercados.

Vale la pena tener en mente la escala de los abandonos por parte del «capitalismo realmente existente» del «capitalismo de mercado libre» oficial. Para mencionar solamente unos cuantos ejemplos, en los pasados veinte años, el balance de beneficios de las doscientas mayores empresas ha subido acusadamente, con lo que se ha progresado en el carácter de oligopolio de la economía americana. Esto socava los mercados directamente, porque evita guerras de precios mediante iniciativas y diferenciaciones de productos sin sentido a través de publicidad masiva, dedicada en exclusiva a minar los mercados en el sentido oficial, basado en consumidores informados que eligen opciones racionales. Los ordenadores e Internet, junto con otros componentes básicos de la revolución de las tecnologías de la información, estuvieron ampliamente dentro del sector estatal (investigación y desarrollo, subsidios, adquisiciones y otros dispositivos) durante décadas antes de pasar a la empresa privada para la adaptación de los mercados comerciales y del beneficio. La política de garantías del Gobierno, que proporciona enormes ventajas a los bandos, se ha estimado, según cálculos aproximados de los economistas y de la prensa financiera, en alrededor de los 80.000 millones de dólares por año. Sin embargo, un reciente estudio del FMI indica —según la prensa financiera— que tal vez «los grandes bancos estadounidenses no sean realmente rentables», y añade que «los millones de dólares que parece que ganan para sus inversores eran casi en su totalidad un regalo de los contribuyentes estadounidenses».

De algún modo, todo esto explica la devastación económica producida por el capitalismo a la que se refiere en su pregunta. La democracia del capitalismo realmente existente (RECD por sus siglas en inglés, lo que se pronuncia «*wrecked*», «naufragado») es radicalmente incompatible con la democracia. Me parece poco probable que la civilización pueda sobrevivir al capitalismo realmente existente y a la democracia tan atenuada que lo acompaña. Una democracia que realmente funcionase, ¿podría marcar la diferencia? La consideración de sistemas que no existen solamente puede ser especulativa, pero creo que hay razones para creerlo. El capitalismo realmente existente es una creación humana, y por tanto puede cambiarse o sustituirse.

**Su libro *Masters of Mankind*, que publicó en septiembre de 2014 Haymarket Books, es una colección de ensayos escritos entre 1969 y 2013. El mundo ha cambiado mucho durante este período, así que mi pregunta es esta: Su forma de entender el mundo, ¿ha variado con el tiempo? De ser así, ¿cuáles han sido los acontecimientos más determinantes para cambiar su perspectiva política?**

Mi forma de entender el mundo ha cambiado con el tiempo porque he leído mucho sobre el pasado, y los acontecimientos en curso añaden nuevos materiales críticos. Realmente no puedo identificar acontecimientos aislados, o personas. Es acumulativo, un proceso constante para repensar a la luz de nueva información y con una mayor consideración de todo aquello que no había entendido correctamente. Sin embargo, el poder jerárquico y arbitrario continúa presente en el núcleo de la política en nuestro mundo y es la fuente de todos los males.

**No hace mucho mantuvimos un intercambio en el que le expresé mi pesimismo sobre el futuro de nuestra especie. Usted respondió diciéndome: «Comparto su opinión, pero tiene que seguir pensando la frase que a veces cito de las Analectas, en la que se define a la "persona ejemplar", tal vez al mismo maestro: "es el que sigue intentándolo, a pesar de que sabe que no hay esperanza".» ¿Tan apurada le parece la situación?**

No podemos saberlo. Lo que sí que sabemos, sin embargo, es que si sucumbimos a la desesperación ayudaremos a asegurar que lo peor pase. Y si tomamos las esperanzas que existen y trabajamos para hacer el mejor uso de ellas, podría haber un mundo mejor.

No hay mucho que elegir.

# SEGUNDA PARTE

**Vitalidad y voto**

Estados Unidos: variables de salud contra giro pro Donald Trump, por condados

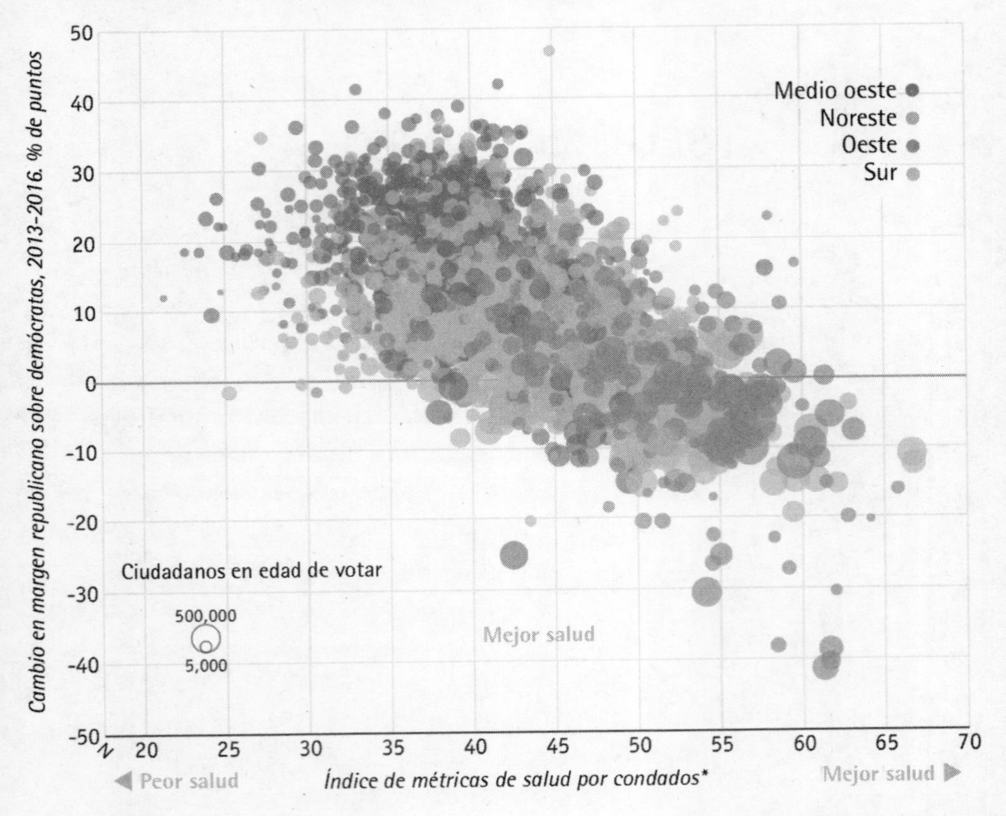


Fuentes: *Atlas of US Presidential Elections*; Oficina del censo; IPUMS Institute for Health Metrics and Evaluation; *The economist*

Índice ponderado de obesidad, diabetes, consumo elevado de alcohol, ejercicio físico y esperanza de vida, 2010-2012

## Estados Unidos en la era Trump*

**C. J. POLYCHRONIOU: Noam, quiero empezar pidiéndole que reflexione sobre lo siguiente: Trump ha ganado las elecciones presidenciales incluso a pesar de haber perdido el voto popular. En este contexto, si «una persona, un voto» es un principio fundamental tras el que se legitima cualquier modelo de democracia, ¿qué tipo de democracia prevalece en Estados Unidos? ¿Qué hace falta para enmendar el anacronismo del Colegio Electoral?**

NOAM CHOMSKY: En un principio se suponía que el Colegio Electoral tenía que ser un cuerpo deliberativo extraído de élites educadas y privilegiadas. No tenía por qué responder necesariamente ante la opinión pública, la cual no gozaba de demasiada consideración por parte de los fundadores, por decirlo suavemente: «La masa del pueblo [...] raramente juzga o determina correctamente», tal como dijo Alexander Hamilton durante la redacción de la Constitución, expresando una visión muy común de la élite. Por otra parte, la famosa cláusula de las tres quintas partes aseguraba un impulso adicional para los estados esclavistas, un tema muy significativo si consideramos su papel prominente en las instituciones políticas y económicas.

* Originalmente publicado en *Truthout*, 6 de enero de 2017.

Cuando el sistema de partidos tomó forma en el siglo XIX, el Colegio Electoral se convirtió en un espejo de los votos estatales, que pueden ofrecer un resultado muy diferente del voto popular por la regla de la mayoría simple, como volvió a pasar en estas elecciones. Eliminar el Colegio Electoral sería una buena idea, pero es virtualmente imposible porque el sistema político ya está constituido. Solamente es uno de los muchos factores que contribuyen al carácter regresivo del sistema político americano, el cual, como se encarga de observar Seth Ackerman en un interesante artículo en la revista *Jacobin*, no pasaría la criba de las normas europeas.

Ackerman se fija en un fallo grave del sistema americano: el dominio de organizaciones que no son partidos políticos genuinos con participación pública, sino más bien instituciones de selección de candidatos promovidas por la élite, que a menudo y sin falta de realismo se definen como las dos facciones del partido empresarial único que domina el sistema político. Se han protegido de la competencia con muchos mecanismos que bloquean a los partidos políticos genuinos que crecen por la libre asociación de los participantes, como sería el caso en una democracia que funcionara como es debido. A esto se le añade el papel abrumador de las riquezas empresariales o privadas, no solamente en las campañas presidenciales, tal como lo ha documentado muy bien Thomas Ferguson, sino también en el Congreso. Un estudio reciente de Ferguson, Paul Jorgensen y Jie Chen revela una relación remarcablemente estrecha entre costes de campaña y resultados electorales en el Congreso durante décadas. Un estudio extensivo de ciencia política académica —llevado a cabo particularmente por Martin Gilens, Benjamin Page y Larry Bartlett— revela que la mayoría de la población está realmente mal representada porque sus actitudes y opiniones tienen poco o nulo efecto sobre las decisiones de las personas a las que votan. Estas decisiones están determinadas en gran medida por la parte más alta de la escala de ingresos-riqueza. A la luz de factores como este, los defectos del Colegio Electoral, aunque sean reales, son de menor significancia.

**¿Hasta qué punto estas elecciones presidenciales son un punto de inflexión tanto para republicanos como para demócratas?**

Durante los ocho años de la presidencia de Obama ha resultado difícil calificar a la organización republicana como partido político. Una descripción más fiel sería la que ofrecieron Thomas Mann y Norman Ornstein, del conservador American Enterprise Institute: el partido se ha convertido en una «anomalía insurgente: ideológicamente extremo; desdeñoso del régimen político social y económico que hereda; despreciativo del compromiso; no convencido por la comprensión convencional de los hechos, consistente en ciencia y en evidencia, y menospreciador de la legitimidad de su oposición política». Su principio político era bloquear todo lo que Obama intentara hacer, fuera lo que fuera, sin ofrecer ninguna alternativa razonable. El objetivo era hacer el país ingobernable, de manera que la insurgencia pudiera tomar el poder. Sus infantiles diatribas sobre la Ley de Atención Asequible son una buena ilustración: votaciones sin fin para rechazarla en favor de... nada. Entretanto, el partido se ha dividido entre la clase dirigente privilegiada, devota de sus propios intereses, y la base popular que se movilizó cuando los compromisos del *establishment* con la riqueza y los privilegios se hicieron tan extremos que hubiera sido imposible reunir votos para defenderlos como es debido. Por tanto, era necesario movilizar sectores que siempre han existido, pero no como fuerza política organizada: una extraña amalgama de evangélicos cristianos —una enorme proporción de la población americana—, nativistas, supremacistas blancos, clase trabajadora blanca, lo mismo que víctimas de la clase media-baja de las políticas neoliberales de la generación pasada, y otros asustados y enfadados, abandonados por la economía neoliberal mientras perciben que su cultura tradicional está siendo atacada. En las pasadas primarias, los candidatos que se alzaron desde la base —Michele Bachmann, Herman Cain, Risk Santorum y el resto— eran tan extremistas que fueron un anatema para el *establishment*, que se mostró capaz de recurrir a sus amplios recursos para librarse de la plaga y escoger a su candidato preferido. La diferencia con 2016 es que entonces no fueron capaces de hacerlo.

Ahora el partido se enfrenta a la tarea de formular políticas diferentes al «no». Tiene que encontrar la manera de dar con políticas capaces de pacificar o de marginalizar de algún modo a la base popular, al tiempo que sirve a la base electoral real de la clase dirigente. De este sector es de donde Trump está obteniendo a sus allegados y miembros del Gobierno: no son exactamente mineros del carbón, ni del ramo del metal, ni dueños de pequeñas empresas, ni representantes de las preocupaciones y demandas de su base de votantes.

Los demócratas tienen que asimilar que durante cuarenta años han abandonado en gran parte cualquier compromiso que tuvieran con la clase trabajadora. Los demócratas han tomado una deriva tan alejada de sus orígenes del *New Deal* moderno que los obreros están votando a sus enemigos de clase, no al partido de Franklin D. Roosevelt. Un retorno a algún tipo de democracia no tendría por qué ser imposible, tal como lo indica el remarcable éxito de la campaña de Sanders, tan radicalmente alejada de la norma de elecciones comprada con tanta efectividad por la riqueza y el poder empresarial. Es importante tener en la cabeza que esta «revolución política», además de ser muy apropiada para los tiempos, no habría sorprendido mucho a Dwight Eisenhower, otra indicación del giro a la derecha que se produjo durante los años neoliberales.

Si el Partido Demócrata va a ser una fuerza constructiva, tendrá que desarrollar programas creíbles enfocados hacia las preocupaciones legítimas de las personas que votaron a Obama, atraídas por su mensaje de «esperanza y cambio», de esas personas que, desencantadas por la desaparición de la esperanza y por la falta de cambio, se volvieron hacia el estafador que declaraba que iba a devolverles lo que habían perdido. Será necesario enfrentarse honestamente a la incomodidad de gran parte del país, incluso de gentes como las de los pantanos de Luisiana que Arlie Hochschild estudió con tanta sensibilidad y perspicacia, y seguramente de lo que antes constituía la base electoral obrera de los demócratas. El malestar se revela de diferentes maneras, y no es la menos importante ni sorprendente que la mortalidad haya aumentado en el país, algo desconocido en las democracias industriales modernas sin sucesos catastróficos de por medio. Esto es particularmente cierto entre blancos de mediana edad, y puede constatarse la relación de estas muertes, por lo que parece, con las que han dado en llamarse «enfermedades de la desesperación» (opioides, alcohol, suicidios, etcétera). Un análisis estadístico publicado por *The Economist* encontró que estos indicadores médicos se correspondían con un remarcable 43 por ciento de las ganancias del Partido Republicano sobre los demócratas en las elecciones de 2016 y siguen siendo significantes y predictivos incluso cuando se controla la raza, la educación, la edad, el género, los ingresos, el estado civil, la inmigración y el empleo. Todos ellos son signos de disfunción severa de gran parte de la sociedad, particularmente en las áreas rurales y obreras. Por tanto, estas iniciativas tienen que impulsarse junto con una firme dedicación a los derechos y necesidades de aquellos sectores de la población a los que históricamente se les han negado derechos y que han sido reprimidos, a menudo de maneras severas y brutales.

La tarea no es poca, pero es abarcable, y si los demócratas no pueden, que sea algún partido político que los reemplace, desde movimientos populares, y a través del activismo constante de estos movimientos, muy aparte de políticas electorales. Más allá, los que piensan, y también es mi parecer, que todo el sistema social y político necesita un cambio radical, incluso por la propia supervivencia, tienen también mucho trabajo por delante.

**El Gobierno de Trump lo están ocupando figuras del mundo financiero y empresarial y líderes militares. Estas selecciones no casan con las promesas preelectorales de «secar la ciénaga». ¿Qué cree que debemos esperar de este populista megalómano y farsante en lo que respecta tanto al futuro del grupo de poder de Washington como al de la misma democracia estadounidense?**

La revista *Time* (nótese la salvedad) planteó este asunto bastante bien (26 de diciembre de 2016): «Algunos partidarios pueden sentirse traicionados, pero la decisión de Trump de abrazar a los que habían retozado en aguas washingtonianas ha provocado un suspiro de alivio entre la clase política de la capital. "Esto demuestra —dice un consultor republicano cercano a la transición del presidente electo— que va a gobernar como un republicano normal".»

Seguramente haya algo de verdad en todo esto. Los negociantes e inversores lo piensan así. El mercado de valores se disparó justo después de la elección, dirigido por las compañías a las que Trump había denunciado durante su campaña, particularmente el mayor demonio de su retórica, Goldman Sachs. Según *Bloomberg News* «la subida de las cotizaciones en bolsa de la firma —más del 30 por ciento en el mes posterior a las elecciones— ha sido el principal impulsor tras la subida hacia 20.000 del Dow Jones Industrial Average». El comportamiento estelar en el mercado de Goldman Sachs se basa ampliamente en el vínculo de Trump con el demonio para controlar la economía, respaldado por las promesas de derogaciones de regulaciones, con lo que se prepararía el escenario para la próxima crisis financiera (y rescate con dinero de los contribuyentes). Otros grandes ganadores son las corporaciones de energía, las aseguradoras sanitarias y las constructoras, que esperan grandes beneficios gracias a los planes anunciados por la administración. Estos incluyen un plan fiscal a lo Paul Ryan de recortes de impuestos para los ricos y las corporaciones, incremento del gasto militar, orientación del sistema sanitario todavía más hacia las compañías de seguros, con consecuencias previsibles, facilidades para los contribuyentes con un desarrollo de infraestructura de crédito privada y otros regalos de «republicano normal» para los ricos y privilegiados a expensas del contribuyente. Parece verosímil, como dice el economista Larry Summers para describir el programa fiscal, que sea «el conjunto de cambios en los impuestos más descaminado de la historia de EE. UU., pues masivamente favorecerán al uno por ciento de personas de máximas rentas, amenazarán con una subida explosiva de la deuda federal, complicarán el código tributario y harán muy poco, si es que algo hacen, para estimular el crecimiento».

Pero las noticias son estupendas para los que de verdad cuentan.

Sin embargo, en el sistema empresarial también hay algunos perdedores. Desde el 8 de noviembre, las ventas de armas, que se duplicaron con Obama, han caído abruptamente, tal vez porque ha disminuido el miedo a que el Gobierno se lleve los rifles de asalto y demás armamento que necesitamos para protegernos de los federales. Las ventas crecieron durante todo el año mientas las encuestas decían que Clinton iba por delante, pero tras las elecciones, como detallaba el *Financial Times*, «las ventas de fabricantes de armas como Smith & Wesson y Sturm Ruger cayeron». A mediados de diciembre, «las dos compañías habían caído un 24 y un 17 por ciento desde las elecciones, respectivamente». Pero no todo se ha perdido para la industria. Tal como explicaba un portavoz, «poniéndolo en perspectiva, las ventas de armas a consumidores en EE. UU. son mayores que en todo el resto del mundo junto. Es un mercado realmente grande».

Los republicanos normales están muy contentos con la elección de Trump para la Oficina de Gestión del Presupuesto, Mick Mulvaney, uno de los halcones fiscales más extremistas, aunque ahí surge un problema: ¿Cómo podrá un halcón fiscal administrar un presupuesto diseñado para incrementar el déficit? Pero en un mundo a posteriori eso tal vez no importe.

También es motivo de alegría para los «republicanos normales» la elección del antitrabajador Andy Puzder como secretario de Trabajo, aunque en este caso también se dé alguna contradicción. Como directivo ultrarrico de cadenas de restaurantes, se sustenta en los trabajadores no sindicados, más fáciles de explotar y típicamente inmigrantes, lo que no se complementa demasiado bien con los planes para deportarlos en masa. El mismo problema surge con los programas de infraestructuras: las firmas privadas que, según se supone, van a beneficiarse de estas iniciativas dependen en gran parte de la misma fuerza laboral, aunque tal vez en este caso el problema pueda solventarse rediseñando ese «bonito muro» de manera que solamente mantenga lejos a los musulmanes.

**¿Quiere esto decir que Trump será un republicano «normal» como cuadragésimo quinto presidente estadounidense?**

En asuntos como los que acabo de mencionar, Trump enseguida demostró ser un republicano normal, aunque en su vertiente más extremista. Pero en otros aspectos tal vez no sea un republicano normal, si eso significa algo como un republicano corriente del aparato: alguien como Mitt Romney, al que Trump ya se encargó de humillar a su manera tan familiar, tal como hizo con McCain y con otros de su categoría. Pero no solamente su estilo es motivo de ofensa y de preocupación. Sus acciones también lo son.

Tomemos los dos problemas más significativos a los que nos enfrentamos, los más relevantes a los que los humanos se hayan enfrentado en su breve historia sobre la Tierra, problemas que tienen que ver con la supervivencia de la especie: la guerra nuclear y el calentamiento global. Un escalofrío recorrió el espinazo de muchos «republicanos normales», como el de otros que se preocupan por el devenir de nuestra especie, cuando Trump tuiteó que «Estados Unidos tiene que reforzar y expandir su capacidad nuclear en gran medida hasta que el mundo entre en razón en cuanto a las armas nucleares». Ampliar la capacidad nuclear implica que todos esos tratados que tanto han reducido los arsenales nucleares y que los analistas cuerdos esperan reducir todavía mucho más —de hecho, hasta cero—, como propugnaban republicanos tan normales como Henry Kissinger y el secretario de Estado de Reagan, George Schultz, y hasta el propio Reagan en algún momento. La preocupación no se redujo cuando Trump dijo en el programa televisivo *Morning Joe*: «Supongamos que se da una carrera de armamentos. Pues los superaremos constantemente.» Y tampoco resultó tranquilizador cuando su equipo de la Casa Blanca intentó explicar que Donald no había dicho lo que había dicho.

El grado de preocupación tampoco se rebajó porque Trump estuviera respondiendo, presumiblemente, a las palabras de Putin: «Necesitamos reforzar el potencial militar de las fuerzas nucleares estratégicas, especialmente con complejos de misiles que puedan penetrar con fiabilidad cualquier sistema de defensa de misiles existente y prospectivo. Tenemos que controlar con mucho cuidado cualquier cambio en el equilibrio de poder y en la situación política y militar en el mundo, especialmente a lo largo de las fronteras rusas, y adaptar planes con rapidez para la neutralización de las amenazas sobre nuestro país.»

Uno puede pensar lo que quiera de estas palabras, pero el matiz es defensivo, y tal como ha subrayado Putin son en gran parte una reacción a la muy provocativa instalación de un sistema de defensa de misiles en la frontera rusa con el pretexto de la defensa contra inexistentes armas iraníes. El tuit de Trump intensifica los miedos sobre cómo podría reaccionar, por ejemplo, cuando se encontrara con la falta de voluntad de algún adversario a la hora de inclinarse ante sus tan cacareados recursos negociadores. Después de todo, si el pasado puede servirnos de guía, parecería que puede darse la situación, y entonces, en unos minutos tendría que decidirse: «¿Explota el mundo o no explota?»

El otro tema crucial es la catástrofe medioambiental. Nunca se insistirá bastante en que el 8 de noviembre Trump obtuvo dos victorias: la menor fue en el Colegio Electoral, y la mayor en Marraquech, en donde doscientos países intentaban echar adelante las promesas de las negociaciones de París sobre el cambio climático. El día de las elecciones se dio lectura en esa conferencia a un informe estremecedor de la Organización Meteorológica Mundial sobre el estado del Antropoceno. En cuanto se fueron conociendo los resultados de las elecciones, los sorprendidos participantes abandonaron virtualmente los procedimientos, pues se preguntaban si algo podría hacerse tras la retirada del estado más poderoso en la historia del mundo. Tampoco se insistirá bastante en lo extraño que resulta que el mundo ponga sus esperanzas de salvación en China, mientras el líder del mundo libre se queda solo como una máquina de derribo.

Aunque —increíblemente— la mayoría prefirió ignorar estos acontecimientos sorprendentes, se produjo alguna respuesta en los círculos del aparato. En *Foreign Affairs*, Varun Sivaram y Sagatom Saha advirtieron del coste que tendría para Estados Unidos «ceder el liderazgo del clima a la China», así como de los riesgos que corría el mundo, puesto que esta «solamente trabajaría por temas de cambio climático en tanto que esto tuviera algún rendimiento para sus intereses nacionales», a diferencia de la postura altruista de Estados Unidos, que trabaja generosamente y solo en beneficio de la humanidad.

Los nombramientos que ha llevado a cabo Trump revelan su intención de llevar al mundo hacia un precipicio. Entre ellos se incluye a dos negacionistas militantes del cambio climático, Myron Ebell y Scott Pruitt, para que se hagan cargo del desmantelamiento de la Agencia de Protección Ambiental que se estableció bajo Richard Nixon, con otro negacionista previsto como director del Departamento de Interior.

Pero esto es solo el principio. Los nombramientos del Gobierno serían cómicos si las implicaciones no fueran tan serias. Para el Departamento de Energía, un hombre que dijo que se debería eliminar (en cuanto pudiera recordar el nombre) y que tal vez no sea consciente de que su principal preocupación son las armas nucleares. Para el Departamento de Educación, otra millonaria, Betsy DeVos, quien se dedica a minar y quizás a eliminar el sistema de escuelas públicas y quien, tal como nos recuerda Lawrence Krause en *The New Yorker*, es una fundamentalista cristiana miembro de una confesión protestante que sostiene que «todas las teorías científicas están sujetas a las Escrituras» y que «la humanidad fue creada a imagen de Dios: todas las teorías que minimicen este hecho y todas las teorías de la evolución que nieguen la actividad creadora de Dios son rechazadas». Tal vez el departamento debería pedir fondos a los promotores sauditas de madrasas wahabitas para contribuir a que el proceso avance.

El nombramiento de DeVos es sin duda atractivo para los evangélicos que se han congregado bajo las reglas de Trump y que constituyen una amplia parte de la base de lo que hoy en día es el Partido Republicano. También debería ser capaz de trabajar amigablemente con Mike Pence, uno de los «preciados guerreros de un contubernio de violentos fanáticos que desde hace mucho tiempo porfían por una teocracia cristiana extremista», tal como Jeremy Scahill lo detalla en *Intercept*, al tiempo que repasa otros sorprendentes detalles.

Y así continúa, caso por caso. Pero no se preocupe. Tal como James Madison aseguraba a sus colegas cuando redactaban la Constitución, una república nacional iba a «extraer de la masa de la sociedad los caracteres más puros y más nobles que contuviera».

**¿Y qué le parece el nombramiento de Rex Tillerson como secretario de Estado?**

Una excepción parcial a lo dicho antes es la elección del director general de ExxonMobil, Rex Tillerson, como secretario de Estado, que ha dado algo de esperanza a quienes a lo ancho del espectro estaban preocupados, con razón, por las peligrosas tensiones con Rusia. Tillerson, como Trump en algunas de sus declaraciones, ha invocado a la diplomacia antes que a la confrontación, y eso conviene... hasta que, pensándolo un poco mejor, vemos que el motivo es permitir a ExxonMobil la explotación de yacimientos de petróleo siberianos para así acelerar la carrera hacia el desastre en la que Trump y sus asociados, y el Partido Republicano en gran parte, están implicados.

**¿Y qué me dice del equipo de seguridad nacional de Trump? ¿Encajan en el molde de republicanos «normales», o son también parte de la extrema derecha?**

Los republicanos normales podrían mostrarse de algún modo ambivalentes sobre el equipo de seguridad nacional de Trump. Lo dirige el general Michael Flynn, el consejero de seguridad nacional, un islamófobo radical que declara que el islam no es una religión, sino más bien una ideología política, como el fascismo, que está en guerra contra lo que nosotros debemos defender, presumiblemente ante todo el mundo musulmán... Una buena receta para la generación de terroristas, por no hablar de consecuencias mucho peores. Como la amenaza roja de años pasados, esta ideología islámica penetra profundamente en la sociedad americana, afirma Flynn. Como no podía ser de otra manera, los demócratas los ayudan, pues votan por imponer la ley islámica en Florida, del mismo modo que sus predecesores sirvieron a los comunistas, como es notorio que Joe McCarthy demostró. Realmente, hay «más de cien casos en todo el país», Tejas incluido, avisó Flynn en San Antonio. Para detener esta expansión, Flynn es miembro de la directiva de ACT!, que propugna leyes estatales que prohíban la ley islámica, una amenaza inminente en estados como Oklahoma, en donde el 70 por ciento de los votantes aprobó legislación para evitar que los tribunales apliquen esta nefasta amenaza para el sistema judicial.

En el aparato de la seguridad nacional, el segundo de a bordo es el general James *Perro Loco* Mattis, a quien se considera un relativo moderado. Perro loco ha explicado que «es divertido disparar a algunos tipos». Se hizo famoso al dirigir el asalto a Faluya en noviembre de 2004, uno de los crímenes más violentos de la invasión iraquí. Un hombre que simplemente «es fantástico», en opinión del presidente electo: «Lo más semejante que tenemos al general George Patton.»

**En su opinión, ¿está Trump destinado a colisionar con China?**

Es difícil de decir. Se expresó la preocupación sobre las actitudes de Trump hacia China, una vez más llenas de contradicciones, particularmente sus pronunciamientos sobre el comercio, que casi no tienen sentido dado el sistema actual de globalización empresarial y de complejas cadenas internacionales de suministro. Hubo alzamientos de cejas por su manera de apartarse de una larga tradición política en su conversación telefónica con la presidenta de Taiwán, pero incluso hubo más porque implicaba que Estados Unidos debía rechazar las objeciones chinas sobre la isla a menos que China aceptara los términos comerciales que le proponía, con lo que vinculaba la política comercial «a un problema de grandes poderes políticos sobre los cuales China puede desear ir a la guerra», según se decía en la prensa financiera.

**¿Y qué me dice del criterio y de la posición de Trump respecto a Oriente Medio? Parecen estar en línea con los de los republicanos «normales», ¿no?**

A diferencia de lo que ocurrió con China, los republicanos normales no parecieron consternados por el tweet de Trump inmiscuyéndose en la diplomacia de Oriente Medio en el que pedía el veto de Obama a la Resolución 2334 del Consejo de Seguridad de la ONU, que reafirmaba

> que la política y las prácticas de Israel en el establecimiento de asentamientos en los territorios palestinos y en otros terrenos árabes ocupados desde 1967 no tienen validez legal y constituyen un obstáculo importante para el logro de una paz general, justa y duradera en Oriente Medio [y] *reafirma* la obligación de Israel, la Potencia ocupante, de cumplir escrupulosamente las obligaciones y responsabilidades jurídicas que le incumben en virtud de la Cuarta Convención de Ginebra de 1949, de rescindir sus medidas previas y de desistir de emprender acción alguna que pudiera resultar en un cambio de estatuto legal y de naturaleza geográfica y que afecte materialmente a la composición demográfica de los territorios árabes ocupados desde 1967, Jerusalén incluido, y, en particular, de no transferir partes de su propia población civil a los territorios árabes ocupados.

Ni tampoco objetaron nada cuando informó a Israel de que podía ignorar a la administración cesante y limitarse a esperar al 20 de enero, cuando todo iba a estar en orden. ¿Qué tipo de orden? Eso está por ver. La imprevisibilidad de Trump actúa como una advertencia.

Lo que hasta ahora conocemos es el entusiasmo de Trump por la ultraderecha religiosa en Israel y por el movimiento de colonos en general. Entre sus donaciones benéficas figuran regalos para el asentamiento en Cisjordania de Beth El en homenaje a David Friedman, su elección como embajador en Israel. Friedman es presidente de American Friends of Beth El Institutions. El asentamiento, que está en el extremo ultranacionalista religioso del movimiento de colonos, es también el preferido de la familia de Jared Kushner, el yerno de Trump y, según se dice, uno de sus consejeros más cercanos. Un beneficiario principal de las contribuciones de la familia Kushner, según la prensa israelita, «es una yeshivá dirigida por un rabino militante que ha urgido a los soldados israelitas a desobedecer las órdenes de evacuación de asentamientos y que ha argumentado que las tendencias homosexuales provienen de ciertos alimentos». Entre los demás beneficiarios se cuenta «una yeshivá radical en Yitzhar que ha servido como base para violentos ataques contra las poblaciones palestinas y contra fuerzas de seguridad israelitas».

Aislado del mundo, Friedman no ve que la actividad en los asentamientos sea ilegal y se opone a una prohibición de construcción de asentamientos judíos en Cisjordania y en Jerusalén oriental. De hecho, parece apoyar la anexión de Cisjordania por parte de Israel. Eso no sería ningún problema para el Estado judío, explica Friedman, ya que el número de palestinos que viven en Cisjordania es exagerado, y de este modo quedaría una amplia mayoría judía tras la anexión. En un mundo a posteriori estas declaraciones son legítimas, aunque podrían convertirse en exactas en el aburrido mundo de los hechos tras otra expulsión masiva. No es solo que los judíos que apoyan el consenso internacional sobre el establecimiento de dos Estados estén equivocados, explica Friedman. Son «peores que kapos», es decir, que los judíos al servicio de los nazis que controlaban a otros presos en los campos de concentración. El peor de los insultos.

Al recibir el informe de su nominación, Friedman dijo que su deseo era que la embajada de Estados Unidos se desplazara a «la capital eterna de Israel, Jerusalén», de acuerdo con los planes anunciados de Trump. En el pasado estas propuestas se retiraban, pero ahora podrían verse cumplidas realmente, tal vez en un avance de las perspectivas de una guerra con el mundo musulmán, tal como el consejero de seguridad nacional de Trump parece recomendar.

Volviendo a la resolución UNSC 2334 y a sus interesantes secuelas, es importante reconocer que la resolución no es nada nuevo. La cita que se ha ofrecido antes no es de la UNSC 2334, sino de la UNSC 446, del 12 de marzo de 1979, reiterada en esencia en la 2334. UNSC 446 pasó con 12-0 con la abstención de Estados Unidos, postura a la que se unieron el Reino Unido y Noruega. Diversas resoluciones siguieron para reafirmar la 446. Una de ellas, de particular interés, era más enérgica incluso que la 446/2334, y en ella se llamaba a Israel a «desmantelar los asentamientos existentes» (Resolución UNSC 465, marzo de 1980). Esta resolución se aprobó por unanimidad, sin abstenciones.

El Gobierno de Israel no tuvo que esperar al Consejo de Seguridad de la ONU (y, más recientemente, la Corte Internacional) para saber que sus asentamientos son una clara violación de la ley internacional. En septiembre de 1967, solamente semanas después de la conquista por parte de Israel de los territorios ocupados, el asesor legal del Ministerio de Asuntos Exteriores, Theodor Meron, distinguido abogado internacional, en un documento secreto informaba al Gobierno de que «el asentamiento civil en los territorios administrados [término israelita para los territorios ocupados] contraviene las provisiones explícitas de la Cuarta Convención de Ginebra». Meron explicaba que la prohibición de la transferencia de colonos a los territorios ocupados «es categórica y no condicional según los motivos de la transferencia o de sus objetivos. Su propósito es prevenir el asentamiento en territorio ocupado de ciudadanos del Estado ocupador». Por tanto, Meron aconsejaba que, «si se decide seguir adelante con el asentamiento judío en los territorios administrados, me parece muy importante que el asentamiento lo lleven a cabo entidades militares y no civiles. También es muy importante, en mi opinión, que dicho asentamiento quede en el marco de campamentos y que sea, en apariencia, de naturaleza temporal antes que de naturaleza permanente».

Se siguió el consejo de Meron. El asentamiento se ha disfrazado a menudo bajo el subterfugio sugerido, como «las entidades militares temporales» que luego resultaban ser asentamientos civiles. El recurso a los asentamientos militares también tenía la ventaja de proporcionar una manera de expulsar a palestinos de su tierra con el pretexto de que se estaba estableciendo una zona militar. Se planificó escrupulosamente el engaño, que se inició tan pronto como el informe autoritativo de Meron fue entregado al Gobierno. Tal como documenta el investigador israelita Avi Raz, en septiembre de 1967:

> [...] el día en que un segundo asentamiento civil se hizo realidad en Cisjordania, el Gobierno decidió que «como una cobertura para el propósito de la campaña diplomática de Israel» los nuevos asentamientos deberían presentarse como asentamientos del ejército y se tendrían que dar las necesarias instrucciones a los colonos por si se les preguntaba sobre la naturaleza de su asentamiento. El Ministerio de Asuntos Exteriores dirigió las misiones diplomáticas de Israel para presentar los asentamientos en los territorios ocupados como «puntos importantes» para enfatizar la importancia que tenían desde el punto de vista de la seguridad.

En el momento presente se siguen dando este tipo de prácticas.

En respuesta a las órdenes del Consejo de Seguridad de 1979-1980 para que se desmantelaran los asentamientos existentes y no se establecieran otros nuevos, Israel emprendió una rápida expansión de asentamientos con la cooperación de los mayores bloques políticos israelitas, los laboristas y el Likud, siempre con la generosa ayuda material estadounidense.

Hoy las principales diferencias consisten en que Estados Unidos está solo contra todo el mundo, y en que es un mundo diferente. Las flagrantes violaciones de Israel de las órdenes del Consejo de Seguridad y del derecho internacional, hoy por hoy, son más extremas que hace treinta y cinco años y suscitan una condena mucho mayor en casi todo el mundo. Por tanto, los contenidos de las resoluciones 446 y 2334 se toman más en serio. De ahí las reveladoras reacciones a la 2334 y a la explicación del secretario de Estado, John Kerry, del voto estadounidense. En el mundo árabe, las reacciones parecen silenciadas: ya hemos pasado por esto. En Europa, en general, eran de apoyo. En Estados Unidos e Israel, por el contrario, la información y los comentarios se hacían extensivos y la histeria era considerable. Son indicativos adicionales del creciente aislamiento de Estados Unidos en el escenario mundial. Bajo Obama, quiero decir, bajo Trump, el aislamiento se incrementará todavía más, ya lo hizo antes incluso de que accediera al cargo, como hemos visto.

**¿Por qué Obama escogió la abstención en esa coyuntura, es decir, cuando tan solo faltaba un mes para el final de su presidencia?**

Por qué Obama eligió la abstención en lugar del veto es una cuestión abierta: no disponemos de evidencias directas. Pero se dan algunas suposiciones plausibles. Hubo reacciones de sorpresa (y de vergüenza) tras el veto de Obama a una resolución del Consejo de Seguridad de la ONU en 2011 en la que se solicitaba la implementación de la política oficial estadounidense, y es posible que sintiera como excesivo repetirlo, pues algo debía salvar de su destrozado legado entre sectores de la población que tienen alguna preocupación respecto al derecho internacional y a los derechos humanos. También vale la pena recordar que, entre los demócratas liberales, cuando no en el Congreso, y particularmente entre los jóvenes, las opiniones sobre Israel/Palestina han cambiado, particularmente en estos últimos años, hacia la crítica a las políticas de Israel. Tanto es así que «el 60 por ciento de los demócratas apoyan la imposición de sanciones o una acción más seria» como reacción a la política de asentamientos israelitas, de acuerdo con un sondeo de diciembre de 2016 efectuado por el Brookings Institute. En estos momentos, el núcleo del apoyo a las políticas israelitas en Estados Unidos se ha desplazado a la extrema derecha, en la que se incluye la base evangélica del Partido Republicano. Tal vez estos factores contaron en la decisión de Obama, con su legado en mente.

La abstención de 2016 levantó furor tanto en Israel como en el Congreso de Estados Unidos, tanto entre las filas republicanas como en las de los demócratas gobernantes, e incluyó propuestas de refundación de la ONU como represalia al crimen del mundo. El primer ministro israelita, Netanyahu, denunció a Obama por sus acciones «encubiertas anti-Israel». Su oficina acusó a Obama de «conspirar» ocultamente tras las bambalinas con esa conjura del Consejo de Seguridad, con lo que produjo partículas de «evidencia» que apenas llegan al nivel del humor enfermo. Un alto funcionario israelí añadió que esa abstención «revelaba el verdadero rostro de la administración de Obama», y que «ahora entendemos con qué hemos estado tratando en los ocho últimos años».

La realidad es muy diferente. Obama, de hecho, ha roto todos los récords de apoyo a Israel, tanto diplomático como económico. David Gardner, experto del *Financial Times* en Oriente Medio, la describe con exactitud:

> Los tratos personales de Obama con Netanyahu tal vez fueron ponzoñosos con frecuencia, pero ha sido el más proisraelí de los presidentes: el más pródigo con la ayuda militar y el más confiable en el ejercicio del voto estadounidense en el Consejo de Seguridad... La elección de Donald Trump hasta ahora ha traído poco más que espumarajos de tuits sobre este y otros embrollos geopolíticos. Pero los augurios son ominosos. Al Gobierno irredentista de Israel, inclinado hacia la ultraderecha, se le une ahora un Gobierno nacional populista en Washington que transpira islamofobia.

Los comentarios públicos sobre la decisión de Obama y la justificación de Kerry se dividieron. Los partidarios en general mostraban su acuerdo con Thomas Friedman en que «Israel está claramente en un camino de absorción de los 2,8 millones de palestinos de Cisjordania... lo que constituye un desafío demográfico y democrático». En un reportaje del *New York Times* sobre la solución de los dos Estados defendida por Obama-Kerry y amenazada de extinción por las políticas israelitas, Max Fisher pregunta: «¿Hay alguna otra solución?» Considera entonces las posibles alternativas, todas ellas «versiones múltiples de la llamada solución de un Estado», que plantea un «reto democrático y demográfico»: demasiados árabes —tal vez pronto una mayoría— en un «Estado judío y democrático».

Al modo convencional, los comentaristas asumen que hay dos alternativas: la solución de dos Estados propugnada por el mundo, «o alguna versión de la solución de un Estado». Se ignora reiteradamente una tercera alternativa, la que ha estado implementando Israel casi sistemáticamente desde poco después de la guerra de 1967 y que ahora está tomando forma ante nuestros ojos: un Gran Israel, más pronto o más tarde incorporado al propio Israel, en el que se incluyen un Jerusalén vastamente expandido (ya anexado en violación de las órdenes del Consejo de Seguridad) y cualquier otro territorio que Israel considere valioso, mientras que se excluyen áreas de mucha concentración de población palestina y lentamente se va desalojando a palestinos de dentro de las áreas que se planea incorporar al Gran Israel. Como suele ocurrir en las neocolonias, las élites palestinas podrán disfrutar de condiciones occidentales en Ramalá, con «el 90 por ciento de la población de Cisjordania viviendo en 165 "islas" separadas, aparentemente bajo el control de la Autoridad Nacional Palestina», pero en realidad bajo control israelita, tal como informa Nathan Thrall, analista de International Crisis Group. Gaza permanecerá bajo un sitio aplastante, separada de Cisjordania en violación de los Acuerdos de Oslo.

La tercera alternativa es otra pieza de la «realidad» descrita por David Gardner.

En un comentario interesante y revelador, Netanyahu denunció la conjura del mundo como prueba de «los prejuicios contra Israel del viejo mundo», una expresión que recuerda a la distinción de Donald Rumsfeld entre la Vieja Europa y la Nueva Europa en 2003.

Se recordará que los Estados de la Vieja Europa eran los chicos malos, los principales Estados de Europa, que se atrevían a respetar la opinión de la gran mayoría de sus poblaciones y que por tanto se negaban a unirse a Estados Unidos en el crimen del siglo, la invasión de Irak. Los Estados de la Nueva Europa eran los chicos buenos, los que desoían a una mayoría todavía más grande y obedecían al amo. El más honorable de los chicos buenos fue el español José María Aznar, que rechazó una oposición virtualmente unánime a la guerra en su país y fue recompensado con una invitación a figurar junto a Bush y Blair en el anuncio de la invasión.

Este despliegue tan revelador de desprecio absoluto por la democracia, junto con otros, pasó inadvertido, comprensiblemente: la tarea en ese momento era ensalzar a Washington por su apasionada dedicación a la democracia, como quedó patente con la «promoción de la democracia» en Irak, que de pronto se convirtió en la línea del partido después de que la «única pregunta» (¿renunciará Sadam a sus armas de destrucción masiva?) recibiera una respuesta inadecuada.

Se puede decir que Netanyahu está adaptando la misma postura. El viejo mundo que se ha alineado contra Israel es todo el Consejo de Seguridad de la ONU. De manera más específica, cualquier persona del mundo que mantenga un compromiso serio con el derecho internacional y los derechos humanos. Afortunadamente para la ultraderecha israelita, esto excluye al Congreso de Estados Unidos y —decididamente— al presidente electo y sus asociados.

El Gobierno israelí, naturalmente, está al tanto de estos acontecimientos. Por tanto, intenta cambiar la base de su apoyo hacia Estados autoritarios como Singapur, China y la India nacionalista hindú de derechas de Modi, que se está convirtiendo en un aliado muy natural por su giro hacia el ultranacionalismo, las políticas internas reaccionarias y el odio hacia el islam. Mark Heller, investigador principal asociado en la Institución de Estudios de Seguridad Nacional de Tel Aviv, esboza las razones de que Israel mire en esa dirección en busca de apoyo: «A largo plazo hay problemas para Israel en sus relaciones con Europa occidental y con Estados Unidos», mientras que, en contraste, «los países asiáticos importantes no muestran demasiado interés por cómo Israel se lleva con los palestinos, los árabes o quienes sean». En resumen, China, India, Singapur y otros aliados favorecidos están menos influidos por las preocupaciones liberales y humanas que representan una amenaza cada vez mayor para Israel.

Las tendencias que se desarrollan en el orden mundial merecen alguna atención. Como se ha dicho, Estados Unidos está aún más aislado que en años recientes, cuando encuestas encargadas por los estadounidenses —desconocidas en el país, pero sin duda conocidas por Washington— revelaron que la opinión mundial los consideraba la mayor amenaza, con mucho, para la paz mundial. Con Obama, el país está ahora solo en su abstención sobre los asentamientos ilegales israelíes, contra un Consejo de Seguridad unánime. Con Trump y sus seguidores de ambos partidos en el Congreso, la nación estará aún más aislada en el mundo por su apoyo a los crímenes israelíes. Desde el 8 de noviembre, Estados Unidos está aislado en el aspecto mucho más crucial del calentamiento global. Si Trump cumple su promesa de salir del acuerdo de Irán, es probable que los otros participantes persistan, con lo que Estados Unidos quedará aún más aislado de Europa. También está mucho más aislado de su «patio trasero» latinoamericano que en el pasado, y lo estará todavía más si Trump retrocede respecto a los vacilantes pasos de Obama hacia la normalización de relaciones con Cuba, emprendidos para prevenir la probabilidad de que su país quedara excluido de organizaciones hemisféricas a causa de su continuo ataque a Cuba, en aislamiento internacional.

Algo muy parecido ocurre en Asia, puesto que incluso aliados cercanos a Estados Unidos (aparte de Japón), como el Reino Unido mismo, recurren al Banco de Desarrollo de Infraestructura de Asia, con sede en China, y a la Sociedad Económica

Regional Ampliada, también radicada en China, y en este caso con Japón incluido. La Organización de Cooperación de Shanghái (SCO) incorpora los Estados de Asia central, Siberia con su riqueza de recursos, India, Paquistán y pronto probablemente Irán y tal vez Turquía. Esta institución rechazó la solicitud de Estados Unidos de sumarse como observador y exigió la retirada de todas sus bases en la región.

Inmediatamente después de la elección de Trump, presenciamos el interesante espectáculo de la canciller alemana, Angela Merkel, tomando la iniciativa para leerle la cartilla a Washington sobre valores liberales y derechos humanos. Entretanto, desde el 8 de noviembre, el mundo mira hacia China para que se ponga al frente en la salvación del planeta de la catástrofe ambiental, mientras Estados Unidos, una vez más en espléndido aislamiento, se dedica a minar estos esfuerzos.

Por supuesto, el aislamiento estadounidense no es completo. Como quedó de manifiesto en la reacción a la victoria electoral de Trump, Estados Unidos cuenta con el apoyo entusiasta de la ultraderecha xenofóbica en Europa, incluidos sus elementos neofascistas. Y el retorno de la ultraderecha en partes de Latinoamérica ofrece a Washington oportunidades de alianzas allí también. Y, desde luego, conserva su alianza cercana con las dictaduras del Golfo y con Israel, quien también se separa de sectores más liberales y democráticos de Europa y se vincula con regímenes autoritarios a los que no les importan las violaciones israelíes del derecho internacional y los ataques a los derechos humanos elementales.

En el cuadro que se va perfilando surge un Nuevo Orden Mundial, muy diferente a las descripciones habituales en el sistema doctrinario.

## La base republicana está «fuera de control»*

**C. J. POLYCHRONIOU: Noam, tal vez sea porque cada vez son más los personajes vergonzosos que se ven arrastrados a la política de Estados Unidos, pero la cuestión es que hemos sido testigos de algunos hechos extraños, como ver a candidatos republicanos atacando los acuerdos de «libre comercio» e incluso a alguien como Donald Trump vuelto en contra de sus amigos millonarios. ¿Somos testigos del fin de la vieja clase económica dirigente en la política de Estados Unidos?**

NOAM CHOMSKY: Hay algo nuevo en las elecciones de 2016, pero la aparición de candidatos no es lo que asusta a la vieja guardia. Eso es algo que ha ocurrido antes. Se remonta a la deriva de ambos partidos hacia la derecha durante los años neoliberales. Los republicanos se fueron tan a la derecha que son incapaces de obtener votos con sus políticas actuales: dedicación al bienestar de los muy ricos y del sector empresarial. El liderazgo republicano se ha visto obligado a movilizar una base popular en temas que son periféricos a sus preocupaciones centrales: el Segundo Advenimiento, la «portación abierta» de armas en las escuelas, Obama como musulmán, azote de débiles y víctimas y el resto de temas familiares. En esa base que han juntado se han

* Originalmente publicado en *Truthout*, 29 de marzo de 2016.

producido regularmente candidatos inaceptables para el *establishment*: Bachmann, Cain, Santorum, Huckabee. Pero ese *establishment* siempre ha sido capaz de anularlos de las maneras habituales para conseguir a su propio hombre (Mitt Romney). Esta vez lo que resulta diferente es que la base está fuera de control, y el *establishment* se está poniendo hecho una fiera.

No hay que forzar las analogías, pero el fenómeno no es nuevo. Los industriales y financieros de Alemania se alegraban de poder utilizar a los nazis como arma contra la clase obrera y la izquierda, pues asumían que así los podían mantener bajo control. Aunque al final no salió exactamente así.

Dejando esto a un lado, Estados Unidos no es inmune al declive general de los partidos políticos habituales de Occidente y al crecimiento de insurgencias políticas a derecha e izquierda (por mucho que eso de «izquierda» signifique socialdemocracia moderada, en la práctica), lo que es una de las consecuencias previsibles de las políticas neoliberales que han minado la democracia y han causado daños sustanciales a la mayoría de la población, los sectores menos privilegiados. Todo es muy habitual.

**Parece que algunos donantes importantes de entre los conservadores, como los hermanos Koch, vuelven la espalda al Partido Republicano. Si esto es cierto, ¿cuál podría ser la explicación?**

Creo que la razón es que tienen un problema a la hora de controlar la base que han movilizado, y están buscando la manera de evitar un golpe importante contra sus intereses. No me sorprendería que se las arreglaran para controlar la Convención Nacional Republicana y que incluso incorporasen a alguien como Paul Ryan. No es una perspectiva agradable, en mi opinión.

**Las historias sobre individuos ricos que financian a políticos son tan viejas como el mismo país. ¿De qué maneras el dinero ha transformado la política estadounidense en nuestra propia era?**

De ninguna manera, en cualquier caso, que sea completamente nueva. El trabajo académico estándar sobre este tema —*Golden Rule*, de Thomas Ferguson, y otras publicaciones más recientes— sigue el rastro de estas prácticas y de sus consecuencias hasta finales del siglo XIX, con resultados particularmente interesantes en los años del *New Deal* y siguiendo hasta el presente.

Siempre hay nuevos vaivenes. Ferguson, por ejemplo, habla de las maquinaciones de Newt Gingrich en la década de 1990. Las posiciones prestigiosas e influyentes en el Congreso solían quedar garantizadas según los años de antigüedad y los logros percibidos. Ahora básicamente se compran, lo que hunde todavía más a los representantes del Congreso en los bolsillos de los ricos. Y las decisiones del Tribunal Supremo han acelerado el proceso.

**En el pasado, el candidato con más dinero siempre ganaba. Pero Donald Trump parece haber cambiado las reglas sobre la política con respecto al dinero, puesto que en realidad ha gastado menos que sus rivales. ¿Ha disminuido de pronto el poder del dinero en un año electoral dominado por voces extremas?**

No conozco los números exactos, pero parecía que Trump ponía un montón de dinero en su campaña. Eso sí, es extraño hasta qué punto han fallado grandes fortunas. Jeb Bush es el caso más claro. Andrew Cockburn publicó un artículo muy interesante sobre el asunto en el número de abril de 2016 de la revista *Harper's*, en donde revisaba cómo una enorme cantidad de dinero vertida en campañas políticas con anuncios en la televisión y elementos por el estilo sirve sobre todo para el enriquecimiento de los medios de comunicación y de los consultores profesionales pero tiene poco efecto en el voto.[5] En cambio, el contacto cara a cara y el proselitismo directo, que no cuestan nada —pero que requieren un montón de trabajo a menudo voluntario—, sí que tienen un impacto considerable. Hay que pensar, sin embargo, que la cuestión de la influencia de los gastos de campaña por parte de la riqueza y el poder en las decisiones políticas —y este es el tipo de cuestiones que Ferguson ha investigado— es algo aparte.

**¿Qué tipo de intereses políticos diría que están mejor representados por los candidatos republicanos en las elecciones de 2016?**

El sector de los superricos y el empresarial, todavía más que usualmente.

**Uno de los grandes mitos de la cultura política americana gira alrededor del capitalismo de «libre mercado». La economía de Estados Unidos no es de «libre mercado», como señalarían muchos libertarios, pero la cuestión está en saber si puede existir un sistema de capitalismo de «libre mercado», por no hablar de si sería deseable que existiera...**

Ejemplos de lo que sería el capitalismo de libre mercado los ha habido. Paul Bairoch, el destacado historiador económico, apunta que «sin duda el liberalismo económico compulsorio del Tercer Mundo en el siglo XIX es un elemento de mucha importancia en la explicación del retraso en su industrialización», o incluso de su «desindustrialización». Los ejemplos bien estudiados son muchos. Entretanto, Europa y las regiones que consiguieron mantenerse libres de este control se desarrollaron, como hizo la misma Europa, mediante una violación radical de estos principios. Inglaterra y Estados Unidos son ejemplos primordiales, como lo es el área del Sur global que se resistió a la colonización y se desarrolló: Japón.

Como muchos otros historiadores económicos, Bairoch concluye tras una amplia panorámica que «resulta difícil encontrar otro caso en el que los hechos contradigan tanto a la teoría dominante», ya que la doctrina de los mercados libres era el motor del crecimiento, una dura lección que el Sur global ha aprendido a lo largo de los años, y otra vez en el reciente período neoliberal. También hay estudios clásicos de algunos de los problemas inherentes al desarrollo del «mercado libre», como *The*

*Great Transformation*, de Karl Polyani, o *Political Economy and Laissez-faire*, de Rajani Kanth, además de otras obras sustanciales sobre historia e historia de la tecnología.

También se dan problemas fundamentales de mercados no regulados, como la restricción de opciones que imponen (bienes públicos excluidos, como el transporte de masas) y el hecho de pasar por alto las externalidades, lo que en el momento presente significa la perdición virtual para la especie.

**Una encuesta reciente señalaba que más de nueve estadounidenses sobre diez decían que votarían a un candidato presidencial que fuera católico, mujer, negro, hispano o judío, pero menos de la mitad decían que votarían a un candidato que fuera socialista. Aunque tal vez deberíamos admitir que el socialismo parece muerto en el mundo occidental, ¿por qué el socialismo sigue siendo un tabú en este país?**

Es una pregunta difícil, desde el momento en que la palabra «socialismo» (como muchos términos del discurso político) se ha vulgarizado y politizado tanto que no resulta muy útil. La esencia del socialismo tradicional era el control de los trabajadores sobre la producción, junto con el control democrático popular de otros componentes de la vida social, económica y política. Pocas sociedades en el mundo estaban más lejos del socialismo que la Rusia soviética, a la que se presenta como la principal sociedad «socialista». Si eso era lo que el «socialismo» es, tendríamos que oponernos a eso. En otros usos, se llama «socialista» tanto al servicio de correos como a los programas de sanidad pública y a otros servicios, pero en este caso sin oposición por parte del público o, como en el caso de la sanidad pública, apoyada muchas veces por amplias mayorías en Estados Unidos, y todavía hoy. El término «socialista» se convirtió en un tabú como consecuencia de la ideología de la guerra fría, que separó su utilización de cualquier significado útil.

En el mundo occidental se dan elementos significativos de algo parecido al auténtico socialismo, sobre todo en empresas en propiedad de los trabajadores (y a veces administradas por ellos), cooperativas con una participación real y en muchos casos más. Creo que se puede pensar en esas empresas según los términos de Bakunin, como creadoras de las instituciones de una sociedad más libre y más justa desde dentro de la sociedad presente.

**En estos días Estados Unidos parece tener una ventaja comparativa respecto a otros países «desarrollados» del mundo solamente en lo que respecta a tecnología militar. De hecho, Estados Unidos empieza a parecerse cada vez más a un país tercermundista, por lo menos en lo que respecta a su infraestructura y a la extensión de la pobreza y de los sin techo entre una parte significativa y siempre en alza de la población. En su opinión, ¿qué factores han llevado a esta terrible situación en lo que sigue siendo un país tan rico?**

Estados Unidos es, hasta límites poco habituales, una sociedad dirigida por los negocios, sin raíces en las sociedades tradicionales en las que, con todos sus notables defectos, la gente disponía de un lugar propio de algún tipo. Su historia de colonos, colonial y esclavista ha dejado una herencia social y cultural, junto con otros factores, como el poco habitual papel del fundamentalismo religioso. En la historia americana se han dado movimientos democráticos radicales a gran escala, como los movimientos sindicales militantes y populistas agrarios, pero en la mayor parte de las ocasiones fueron reprimidos, a veces con considerable violencia.

Una consecuencia es lo que Walter Dean Burnham llama «una peculiaridad crucial comparativa del sistema político americano: la total ausencia de un partido de masas socialista o laborista en tanto que competidor organizado en el mercado electoral». Demuestra que esto representa «índices de abstención con un claro sesgo clasista» que él se había encargado de demostrar en el caso de Estados Unidos, y una infravaloración de temas relacionados con la clase social en un sistema político dirigido ampliamente por los negocios. Este sistema es en algunos aspectos un legado de la Guerra Civil, que nunca se ha superado realmente. Los «estados rojos» de hoy se basan sólidamente en la Confederación, que se mantenía firmemente en manos de los demócratas antes de que el movimiento de los derechos civiles y la «estrategia sureña» de Nixon cambiaran las etiquetas de los partidos.

En muchos sentidos, Estados Unidos es una sociedad muy libre, y también en las prácticas sociales, como en la falta del tipo de relaciones de deferencia que uno encuentre en otros lugares. Pero una consecuencia de la compleja amalgama es el triste estado de la justicia social. Aunque sea una sociedad extremadamente rica, con incomparables ventajas, Estados Unidos se encuentra en una franja muy baja en cuanto a justicia social si se le compara con las sociedades más ricas de la Organización para la Cooperación y el Desarrollo Económico (OCDE), y a su altura están Turquía, México y Grecia. En cuanto a infraestructuras es un desastre. En otras sociedades desarrolladas, uno puede tomar un tren de alta velocidad, como de China a Kazajstán, pero no de Boston a Washington —tal vez el corredor más transitado—, en donde no se ha producido ninguna gran mejora desde que hice ese trayecto hace sesenta y cinco años.

**Los marxistas tradicionales hablan de la sociedad humana como consistente en dos partes: la base y la superestructura. ¿Diría que la base dicta la superestructura en nuestra sociedad estadounidense?**

No tengo mucho que decir al respecto. No me parece que el esquema sea particularmente útil. Está bastante claro quién mantiene el poder de decisión dominante en la sociedad americana a un nivel general: el poder económico, concentrado sobre todo en el sistema empresarial. Cuando lo miramos más de cerca, naturalmente, también es más complejo, y de ninguna manera se puede decir que la población tenga menos poder cuando está organizada y comprometida y liberada de ilusiones.

## Las elecciones de 2016 ponen a Estados Unidos en riesgo de «desastre absoluto»*

**C. J. POLYCHRONIOU: Noam, vamos a empezar con una mirada reflexiva sobre cómo se desarrollan las elecciones presidenciales de Estados Unidos en términos del estado del país y su papel en asuntos globales. Hablemos también de los puntos de vista ideológicos que han expresado algunos de los candidatos principales de ambos partidos.**

NOAM CHOMSKY: No podemos olvidar que hemos llegado a un momento único en la historia humana. Por primera vez, tenemos que tomar decisiones que literalmente determinarán las perspectivas para la supervivencia humana digna, y no es cosa de un futuro distante. Ya hemos tomado esa decisión para un gran número de especies. La destrucción de especies está a niveles de hace 65 millones de años, con la quinta extinción, que puso fin a la edad de los dinosaurios. Ahí también se abrió el camino para los pequeños mamíferos, y en última instancia para nosotros, una especie con capacidades únicas, entre ellas, por desgracia, la capacidad de destruir fría y salvajemente.

Joseph de Maistre, un reaccionario que se oponía a la Ilustración, criticaba a Thomas Hobbes por adoptar la frase romana «el hombre es un lobo para el hombre», y observaba que eso era

* Originalmente publicado en *Truthout*, 9 de marzo de 2016.

injusto para los lobos, que no matan por placer. Tal capacidad se extiende a la autodestrucción, tal como comprobamos. Se presume que la quinta extinción la causó un gran asteroide que colisionó con la Tierra. Ahora nosotros somos el asteroide. El impacto de los humanos ya es significativo y pronto se hará incomparablemente peor a menos que iniciemos una acción decisiva ahora mismo. Además, el riesgo de una guerra nuclear, una sombra siempre amenazante, se acentúa. Eso acabaría con cualquier discusión. Deberíamos recordar la respuesta de Einstein a la pregunta sobre qué armas deberían usarse en la próxima guerra. Él dijo que no lo sabía, pero que en la guerra posterior se combatiría con hachas de piedra. Una inspección de los antecedentes nos sorprende, porque revela que casi es un milagro que hasta ahora se haya evitado el desastre, y los milagros no duran siempre. Por otra parte, que el riesgo es creciente es algo, desgraciadamente, obvio.

Afortunadamente, estas capacidades destructivas y suicidas de la naturaleza humana quedan equilibradas por otras. Hay buenas razones para creer que figuras de la Ilustración como David Hume y Adam Smith, lo mismo que el anarquista Peter Kropotkin, tenían razón al considerar que la simpatía y la ayuda mutua eran propiedades fundamentales de la naturaleza humana. Pronto averiguaremos qué características predominan.

Volviendo a su tema, podemos preguntarnos cómo se abordan estos impresionantes problemas en el espectáculo de las elecciones que se repite cada cuatro años. Lo más sorprendente es que ninguno de los dos partidos se refiere a esos problemas, o apenas.

No hace falta que recordemos el espectáculo de las primarias republicanas. Los comentaristas no podían ocultar su preocupación y disgusto por lo reveladoras que resultan sobre el país y la civilización contemporánea. Sin embargo, los candidatos contestaron a las cuestiones cruciales: o bien negaban el calentamiento global o insistían en que nada debería hacerse al respecto, con lo que parecen pedir que corramos todavía más rápido hacia el precipicio. En la medida en que sus políticas son perceptibles, parecen decididos a aumentar la confrontación militar y las amenazas. Solamente por estas razones, la organización republicana —llamarla partido político en su sentido tradicional se hace difícil— supone una amenaza nueva y verdaderamente horripilante para la especie humana y para las demás, esos «daños colaterales», mientras la inteligencia superior prosigue su carrera suicida.

En el lado demócrata, por lo menos se percibe algún reconocimiento del peligro de una catástrofe ambiental, pero muy poco en lo que se refiere a propuestas políticas sustanciales. No he conseguido encontrar ninguna posición clara en los programas de Obama para mejorar el arsenal nuclear o sobre cuestiones tan críticas como la rápida (y mutua) escalada militar en las fronteras rusas.

En general, las posiciones ideológicas de los candidatos republicanos parecen ser las de siempre: llena los bolsillos de los ricos y dale una patada en la cara a los demás. Los dos candidatos demócratas van desde el estilo *New Deal* de los programas de Sanders hasta la versión «nuevo demócrata/republicano moderado» de Clinton, que se inclina levemente hacia la izquierda por el impacto del desafío de Sanders. En los asuntos internacionales, y en cuanto a las enormes tareas que nos esperan, parece ser «más de lo mismo», y eso en el mejor de los casos.

**¿Cuál es la razón del ascenso de Trump? ¿Se trata simplemente de un caso más del típico personaje derechista y populista que emerge en el curso de la historia cuando las naciones se enfrentan a crisis económicas severas o a la decadencia?**

Si Estados Unidos se enfrenta realmente a la decadencia, se puede decir que en gran parte se lo ha autoinfligido. Posiblemente, el extraordinario poder hegemónico posterior a la Segunda Guerra Mundial no podía mantenerse, pero sigue siendo el país más rico del mundo, con unas ventajas y una seguridad incomparables, y en la dimensión militar iguala virtualmente al de todo resto del mundo, y tecnológicamente está mucho más avanzado que todos los demás.

Se diría que el atractivo de Trump se basa ampliamente en ideas de pérdida y de miedo. El asalto neoliberal a las poblaciones del mundo, que casi siempre ha resultado perjudicial —a veces fatal— para ellas, no ha dejado indemne a Estados Unidos, aunque de algún modo haya demostrado mayor resistencia. La mayoría de la población ha experimentado un estancamiento o un declive, mientras que una riqueza extraordinaria y ostentosa se acumulaba en unos cuantos bolsillos. El sistema democrático formal ha sufrido las consecuencias habituales de las políticas socioeconómicas neoliberales y deriva hacia la plutocracia.

No es necesario que volvamos a revisar los detalles más sombríos y comprobar, por ejemplo, el estancamiento de los salarios reales masculinos durante cuarenta años; o que, desde la última quiebra, alrededor del 90 por ciento de la riqueza creada ha caído en manos del uno por ciento de la población; o que la mayoría de la población —los de más abajo en la escala de los ingresos— se vea privada de su derecho al voto, puesto que sus representantes ignoran sus opiniones y preferencias, y solamente hacen caso a los superricos que les financian y a los brókeres del poder.

Los partidarios de Trump —que al parecer son clase media-baja, clase trabajadora, personas con menos educación— reaccionan ante la idea, en gran parte exacta, de que simplemente se los ha dejado de lado. Resulta instructivo comparar el escenario actual con la Gran Depresión. Objetivamente, en la década de 1930 las condiciones eran mucho peores, y además Estados Unidos era un país mucho más pobre. Sin embargo, subjetivamente, las condiciones eran mucho mejores. Entre la clase trabajadora americana, a pesar de un alto índice de desempleo y de sufrimiento, se respiraba la esperanza, la creencia en que, con el trabajo de todos, conseguiríamos salir de esta. Era algo alentado por los éxitos del activismo obrero militante, que solía interactuar con partidos políticos netamente de izquierdas y con otras organizaciones. Un Gobierno bien dispuesto respondía con medidas constructivas, aunque siempre limitadas por el enorme poder de los demócratas sudistas, dispuestos a tolerar medidas propias de un Estado del bienestar siempre que se marginara a la población negra que ellos despreciaban. Lo importante era que se tenía la sensación de que el país estaba en el camino hacia un futuro mejor. Todo esto falta hoy en día, en gran parte por el éxito de los ataques despiadados sobre la organización obrera que se iniciaron en cuanto la guerra concluyó.

Además de eso, Trump obtiene un apoyo sustancial de los nativistas y los racistas: no hay más que recordar que Estados Unidos ha sido el país con la supremacía blanca más fuerte, más incluso que Sudáfrica, como se encargaron de demostrar los estudios de George Frederickson. En realidad, Estados Unidos nunca ha superado la Guerra Civil, ni el horrendo legado de opresión de los afroamericanos durante quinientos años. También existe una larga historia de ideas falsas sobre la pureza anglosajona amenazada por las oleadas de inmigrantes, lo mismo que por la libertad para los negros, y de hecho para las mujeres, lo cual no es poco entre los sectores patriarcales. Los partidarios de Trump, mayoritariamente blancos, pueden comprobar que la imagen de una sociedad dirigida por los blancos (y para muchos, por varones) se les está desmoronando. También vale la pena recordar que, aunque Estados Unidos sea un país donde se disfruta de una seguridad excepcional, es por otra parte el más asustado del mundo, otra característica de la cultura con una larga historia.

Todos estos factores se mezclan peligrosamente. Si pensamos en años recientes, hace una década citaba en un libro al distinguido erudito en historia alemana Fritz Stern, que colaboraba en *Foreign Affairs*, una revista del poder establecido, y que hablaba de «la decadencia en Alemania desde la decencia hasta la barbarie nazi». Y añadía, intencionadamente: «Hoy me preocupa el futuro inmediato de Estados Unidos, el país que ofreció refugio en la década de 1930 a los refugiados de habla alemana», con él entre ellos. Con unas implicaciones para el aquí y el ahora que no podían pasar desapercibidas para el lector, Stern revisaba la demoníaca invocación de Hitler a su «misión divina» como «salvador de Alemania» en una «transfiguración pseudorreligiosa de la política» adaptada a «formas tradicionales cristianas» que guiaban a un Gobierno que servía a «los principios básicos» de la nación, con «el cristianismo como fundamento de nuestra moral nacional y con la familia como base de nuestra vida nacional». Por lo demás, la hostilidad de Hitler hacia el «Estado laico liberal», compartida con gran parte del clero protestante, impulsó «un proceso histórico en el que el resentimiento contra un mundo laico desencantado encontró su liberación en la huida extática de la sinrazón».

Los ecos contemporáneos son inconfundibles.

Desde entonces no han faltado las razones para preocuparse por «el futuro inmediato de Estados Unidos». Podemos recordar, por ejemplo, el elocuente y conmovedor manifiesto que dejó Joseph Stack cuando se suicidó lanzando su avioneta contra un edificio de oficinas de Austin, Tejas, de modo que impactó contra una oficina del IRS (oficina de impuestos). En el escrito relataba la amarga historia de su vida como trabajador que lo hacía todo según las normas y que se había visto aplastado, progresivamente, por la corrupción y la brutalidad del sistema empresarial y de las autoridades estatales. Hablaba en nombre de mucha gente como él. En general, este manifiesto se ridiculizó o se ignoró, pero la verdad es que tendría que haberse tenido muy en cuenta, junto con otros signos muy claros de lo que estaba ocurriendo.

**Sin embargo, tanto Cruz como Rubio me parecen mucho más peligrosos que Trump. Los veo como auténticos monstruos, mientras que Trump me recuerda un poco a Silvio Berlusconi. ¿Coincide con estas visiones?**

Sí, estoy de acuerdo con ellas, y ya sabe que esa identificación Trump-Berlusconi es común en Europa. Añadiría también a Paul Ryan a la lista. Se dice de él que es el gran pensador de los republicanos, el analista político serio, con hojas de cálculo y demás parafernalia de analista sesudo. Los pocos intentos de análisis de sus programas, tras prescindir de la magia que se introduce una y otra vez, llegan a la conclusión de que su política consiste en realidad en destruir todas las partes del Gobierno federal que sirven a los intereses de la población general, mientras que los militares se expanden y se garantiza que los ricos y el sector empresarial quedarán bien atendidos: esta es la ideología republicana en esencia, cuando las trampas retóricas quedan a un lado.

**La juventud americana parece encandilada con el mensaje de Bernie Sanders. ¿Le sorprende lo mucho que está aguantando?**

Sí que me sorprende. No había previsto el éxito de esta campaña. Sin embargo, es importante recordar que sus propuestas políticas no habrían sorprendido al presidente Eisenhower, y que están muy en sintonía con sentimientos que han sido muy populares, incluso mayoritarios, durante mucho tiempo. Por ejemplo, su tan criticada llamada a un sistema de seguridad social del tipo habitual en sociedades semejantes tiene un apoyo que actualmente se cifra en un 60 por ciento de la población, un número muy alto si se tiene en cuenta el vilipendio constante y las pocas voces que se expresan en su defensa. Este apoyo popular se remonta a mucho tiempo atrás. En los últimos años de la presidencia de Reagan, alrededor de un 70 por ciento de la población creía que la Constitución tenía que garantizar la asistencia sanitaria, y el 40 por ciento pensaba que ya la garantizaba, lo que implica que es una aspiración tan obvia que realmente debería figurar en ese documento sagrado.

Cuando Obama abandonó una opción pública sin tomarla en cuenta, casi dos terceras partes de la población apoyaban esa opción. Se dan todos los motivos para creer que los ahorros serían enormes si Estados Unidos adoptara los sistemas de salud pública mucho más eficaces de otros países, pues tienen la mitad de los gastos en atención sanitaria que Estados Unidos y generalmente mejores resultados. Lo mismo ocurre con sus propuestas de mayores impuestos para los ricos, educación superior gratuita y otros elementos del programa local que propugna, en su mayor parte reflejos de compromisos que se remontan al *New Deal* y similares a opciones políticas propias de los períodos de mayor crecimiento, en los años posteriores a la Segunda Guerra Mundial.

**¿Qué tendría que ocurrir para que Sanders ganara la nominación demócrata?**

Evidentemente, se requerirían considerables actividades educativas y organizativas. Pero en mi opinión estas actividades deberían dirigirse fundamentalmente al desarrollo de un movimiento popular que perdure después de las elecciones y que se una a otros para conformar el tipo de fuerza activista que en el pasado fue fundamental para iniciar y llevar adelante las rectificaciones y reformas necesarias.

**¿Estados Unidos sigue siendo una democracia? Si no lo es, ¿qué importancia tienen las elecciones?**

Con todos sus defectos, en términos comparativos, Estados Unidos sigue siendo una sociedad muy libre y abierta. Y las elecciones tienen mucha importancia, por supuesto. En mi opinión, sería un desastre total para el país, el mundo y las futuras generaciones si alguno de los candidatos republicanos llegara a la Casa Blanca, y si siguen controlando el Congreso. Para llegar a esta conclusión basta con considerar las cuestiones extraordinariamente importantes de las que acabamos de hablar, y no solamente esto. Por las razones que antes aducía, la democracia estadounidense, siempre limitada, se ha ido desviando hacia la plutocracia. Pero estas tendencias pueden cambiar. Contamos con un legado de libertades y derechos inusual, cedido por nuestros antepasados, que no se arredraron en condiciones mucho más duras que las actuales. Y esto nos proporciona muchas oportunidades de trabajar en algo muy necesario y en muchas direcciones: en el activismo directo y para defender importantes decisiones políticas, en la creación de organizaciones comunitarias efectivas que revitalicen el movimiento obrero, y también en el escenario político, desde los consejos escolares hasta las asambleas legislativas y mucho más.

# Trump en la Casa Blanca*

**C. J. POLYCHRONIOU: Noam, ha pasado lo impensable. En contra de todo lo previsto, Donald Trump ha logrado una victoria decisiva sobre Hillary Clinton y el hombre al que Michel Moore calificó como «miserable, ignorante, peligroso payaso a tiempo parcial y sociópata a tiempo completo» será el próximo presidente de Estados Unidos. En su opinión, ¿qué factores han influido en los votantes estadounidenses para que depararan la mayor sorpresa en la historia de la política de Estados Unidos?**

NOAM CHOMSKY: Antes de responder a su pregunta, creo que sería importante reflexionar un momento en lo que acaba de pasar el 8 de noviembre, una fecha que tal vez se convierta en una de las más importantes de la historia de la humanidad, según cuál sea nuestra reacción.

No, no exagero.

La noticia más importante del 8 de noviembre ha pasado casi inadvertida, lo que ya de por sí es significativo.

El 8 de noviembre, la Organización Meteorológica Mundial (OMM) presentó un informe en la conferencia internacional sobre cambio climático de Marruecos (COP22) que se había solici-

* Originalmente publicado en *Truthout*, 14 de noviembre de 2016.

tado para hacer avanzar el acuerdo de París de la COP21. La OMM informó que los cinco años anteriores habían sido los más cálidos de entre los que se disponía registro. Detallaba las subidas del nivel del mar, que pronto se incrementará como resultado del derretimiento del hielo polar, sobre todo de los enormes glaciares antárticos. El hielo del océano Ártico en los últimos cinco años es un 28 por ciento inferior a la media de los 29 años anteriores, con lo que no solamente se eleva el nivel del mar, sino que también se reduce el efecto de enfriamiento del reflejo en el hielo polar de los rayos solares, con lo que se aceleran los efectos nefastos del calentamiento global. La OMM informaba también de que las temperaturas se están acercando peligrosamente al punto establecido por la COP21, junto con otros informes y pronósticos alarmantes.

Y en esa misma fecha, el 8 de noviembre, también se produjo un hecho que puede llegar a tener una inusitada importancia por razones que, una vez más, pasaron casi inadvertidas.

El 8 de noviembre hubo unas elecciones en el país más poderoso de la historia, en un país que dejará su impronta en el futuro. El resultado otorgó el control total del Gobierno —ejecutivo, Congreso y Corte Suprema— al Partido Republicano, que se ha convertido en la organización más peligrosa de la historia mundial.

Aparte de esta última frase, todo el resto es tal cual. La última frase puede parecer fuera de lugar, incluso escandalosa. ¿Pero de verdad lo es? Los hechos van por otro lado. El partido se dedica a correr lo más rápido posible hacia la destrucción de la vida humana organizada. No existen precedentes históricos para esta postura.

¿Estoy exagerando? Pensemos en lo que acabamos de presenciar.

Durante las primarias republicanas, cada uno de los candidatos negó que lo que está ocurriendo ocurriera, con la excepción de los candidatos moderados y sensatos, como Jeb Bush, que afirmó que todo era incierto, pero que no tenemos que hacer nada porque estamos produciendo más gas natural, gracias al *fracking*. O como John Kasich, que se mostró de acuerdo en que el cambio climático se estaba produciendo, pero añadió que «vamos a quemar carbón en Ohio y no por eso vamos a tener que pedir disculpas».

El candidato ganador, ahora presidente electo, solicita un rápido aumento en la utilización de combustibles fósiles, entre ellos el carbón; la eliminación de las regulaciones; el rechazo de la ayuda a los países en vías de desarrollo que intentan cambiar a las energías sostenibles; y, en general, correr hacia el precipicio: cuanto más rápido, mejor.

Trump ya ha tomado medidas para desmantelar la Agencia de Protección Ambiental (EPA) al poner al cargo de la transición a un notorio y orgulloso negacionista del cambio climático, Myron Ebell. El principal asesor de Bush en asuntos de energía, el millonario ejecutivo del petróleo Harold Hamm, anunció sus predecibles expectativas: eliminación de regulaciones; recortes fiscales para la industria y para el sector de la riqueza y empresarial en general; y mayor producción de combustibles fósiles, con el levantamiento del veto de Obama al oleoducto de Dakota. El mercado reaccionó con rapidez. Las acciones de las empresas de energía se dispararon, entre ellas las de la compañía minera del carbón más grande del mundo, Peabody Energy, que se había declarado en quiebra, pero que tras la victoria de Trump registró un alza del 50 por ciento en las ganancias.

Las consecuencias del negacionismo republicano ya se han hecho notar. Había esperanzas de que el acuerdo de París de la COP21 condujera a un tratado verificable, pero luego se abandonaron porque el Congreso en manos de los republicanos no iba a aceptar ningún acuerdo vinculante, de manera que tan solo tuvo efecto un acuerdo voluntario, que evidentemente es mucho más débil.

Los efectos podrían empezar a vivirse más intensamente que ahora. Solamente en Bangladés, se espera que decenas de millones de personas se vean obligadas a escapar de las tierras bajas en los años venideros por culpa del aumento del nivel del mar y por un tiempo más extremo, lo que creará una crisis migratoria que hará palidecer la actual. Con considerable justicia, un científico del clima bangladesí afirma que «esos migrantes deberían tener derecho a mudarse a los países de los que proceden los gases invernadero. Millones de personas deberían tener derecho a ir a Estados Unidos». Y a las otras naciones ricas que se han hecho prósperas mientras originaban una nueva era geológica, el Antropoceno, caracterizada por la transformación radical humana del entorno. Estas consecuencias catastróficas solamente pueden aumentar, y no solamente en Bangladés, sino en toda Asia meridional, al tiempo que las temperaturas, ya intolerables para los pobres, suban inexorablemente y se fundan los glaciares del Himalaya, con lo que todo el suministro de agua estaría en peligro. En estos momentos en India son unos 300 millones las personas que no tienen un acceso adecuado al agua potable. Y los efectos serán de mucho mayor alcance.

Es difícil encontrar las palabras adecuadas para dar cuenta de que los humanos se están enfrentando a la pregunta más importante en su historia, que es si la vida humana organizada sobrevivirá en alguna forma conocida... Y que contestan acelerando todavía más la carrera al abismo.

Las observaciones serían similares en otro de los grandes temas concernientes a la supervivencia humana: la amenaza de destrucción nuclear, que ha estado sobre nuestras cabezas durante setenta años y que ahora se incrementa.

No se hace menos difícil encontrar palabras para explicar el hecho realmente sorprendente de que en toda la enorme cobertura del espectáculo electoral ninguno de estos aspectos reciba ni una mención de pasada. Yo al menos es que me quedo sin palabras...

Y volviendo a la pregunta que me hacía, para ser preciso, parece que Clinton obtuvo una pequeña mayoría de votos. La aparentemente decisiva victoria tiene que ver con las características particulares de la política estadounidense. Entre otros factores, el Colegio Electoral, residuo de la formación del país como alianza entre estados diversos. El sistema «todo para el vencedor» en cada estado; el arreglo de los distritos electorales (a veces con manipulación) para dar un mayor peso a los votos rurales (en elecciones anteriores, y tal vez en estas también, los demócratas habían obtenido un margen cómodo de victoria en el voto popular para la Cámara de Representantes, pero una minoría de escaños); la tasa muy elevada de abstención (por lo general, cercana al 50 por ciento en elecciones presidenciales, incluidas estas). Para un futuro tiene cierta importancia pensar en que en la franja de 18 a 25 años Clinton ganó ampliamente, y que Sanders había tenido un apoyo todavía mayor. El futuro al que se enfrente la humanidad dependerá de si esto cuenta o no cuenta.

Según las informaciones, Trump batió todos los récords en cuanto al apoyo que recibió por parte de los votantes blancos, la clase trabajadora y la clase media baja, particularmente en la franja de ingresos que va desde los 50.000 a los 90.000 dólares, de medio rural y suburbano, sobre todo entre los que no tienen formación universitaria. Estos grupos comparten el enfado de todo Occidente contra el poder establecido centrista, que se revela tanto en el voto imprevisto del Brexit como en el derrumbamiento de los partidos centristas en la Europa continental. Muchos de estos enojados y resentidos son víctimas de las políticas neoliberales de la generación pasada, esas que describía en su testimonio ante el Congreso Alan Greenspan, presidente de la Reserva Federal, también conocido como «San Alan» por la reverencia que despertaba entre economistas y otros admiradores, hasta que la milagrosa economía que supervisaba estalló en 2007-2008 y amenazó con llevarse por delante a toda la economía mundial. Tal como Greenspan explicaba en sus días de gloria, sus éxitos en la gestión económica se basaban sustancialmente en una «inseguridad creciente del trabajador». Los trabajadores intimidados no piden seguridad, ni beneficios, ni salarios más altos, sino que se conforman con el estancamiento de los ingresos y la reducción de beneficios que para ellos supone esa economía sana según las normas neoliberales.

Los trabajadores que han sido objeto de estos experimentos de economía teórica no están particularmente felices con sus resultados. Por ejemplo, no rebosan de alegría al comprobar que, en 2007, con la culminación del milagro neoliberal, los salarios reales para los trabajadores que no estaban en puestos de supervisión eran inferiores a los de años anteriores, o que los salarios reales para los hombres trabajadores estén a niveles de la década de 1960, mientras que ganancias espectaculares han llenado los bolsillos de unos pocos —alrededor del uno por ciento— situados en la cima. Y eso no como resultado de las tendencias del mercado, ni de los logros, ni de los méritos, sino por decisiones políticas concretas, tal como estudia con detalle el economista Dean Baker en un trabajo publicado recientemente.[6]

Nos haremos una idea de lo que ha estado pasando si pensamos en la suerte del salario mínimo. Durante el período de crecimiento alto e igualitario de las décadas de 1950 y 1960, el salario mínimo, que establece la base para los demás salarios, seguía la pista de la productividad. Con la llegada de la política neoliberal esto se acabó. Desde entonces, en cuanto a su valor real, el salario mínimo se ha estancado. Si hubiese seguido como antes, ahora estaría en torno a los 20 dólares por hora. Hoy, en cambio, se considera una revolución política elevarlo a 15 dólares.

Tanto que se habla del casi pleno empleo, la participación de la fuerza de los sindicatos sigue estando por debajo de la norma que antes era habitual. Y resulta que para los trabajadores hay una gran diferencia entre un trabajo estable en la industria, con salarios fijados por los sindicatos y con beneficios, como en otros tiempos, y un trabajo temporal con escasa seguridad en el sector de servicios. Además de los salarios, de los beneficios y de la seguridad, también se da una pérdida de dignidad, de esperanza en el futuro, del sentido de pertenencia a un mundo en el que juego un papel que vale la pena.

Arlie Hochschild refleja muy bien el impacto con su retrato sensible y brillante de un baluarte de Trump en Luisiana, donde vivió y trabajó durante muchos años.[7] Utiliza la imagen de una fila en donde los residentes están de pie, con la esperanza de ir avanzando continuamente, porque trabajan duro y cumplen con todos los valores convencionales. Pero la posición en la fila se ha bloqueado. Ven que por delante hay gente que avanza de un salto, pero eso no los inquieta demasiado, porque forma parte del *American way of life* y de la recompensa por los (supuestos) méritos. Lo que sí que les preocupa de verdad es lo que ocurre por detrás. Creen que la «gente que no se lo merece», gente que «no sigue las normas», les pasa por delante gracias a programas gubernamentales que ellos ven erróneamente como diseñados para beneficiar a los afroamericanos, a los inmigrantes y a otros a los que miran con desprecio. Todo esto exacerbado con los delirios racistas de Ronald Reagan sobre las *Welfare Queens* («aprovechadas de las ayudas sociales»), que por implicación son de raza negra, que roban el dinero que tanto ha costado conseguir y demás fantasías.

La falta de explicaciones, que en sí ya es una forma de desprecio, fomenta el odio hacia el Gobierno. En Boston conocí a un pintor de brocha gorda que se había puesto en contra del «diabólico» Gobierno porque un burócrata de Washington que no sabía absolutamente nada de pintura había organizado una reunión de pintores contratistas para informarles de que ya no podían utilizar pintura con plomo, «la única que funciona», como todos ellos sabían, pero el del traje no lo entendió. Eso destruyó su pequeño negocio y le obligó a pintar casas por su cuenta con material de mala calidad, y todo por culpa de las élites gubernamentales.

A veces las actitudes hacia las burocracias gubernamentales tienen una base real. Hochschild describe a un hombre cuya familia y amigos sufren en sus carnes los efectos letales de la contaminación química, pero que desprecia al Gobierno y a las «élites liberales» porque para él EPA equivale a tipo ignorante que le dice que no puede pescar, pero sin hacer nada de nada con las plantas químicas.

Esto no son más que muestras de vidas reales de los que apoyan a Trump, a quienes han llevado a pensar que Trump pondrá algún remedio a sus problemas, aunque un simple repaso a sus propuestas fiscales y de otro tipo demuestre lo contrario: de hecho, son todo un reto para los activistas que tienen la esperanza de descartar lo peor y de avanzar hacia cambios cuya necesidad es apremiante.

Las encuestas a pie de urna revelan que el apasionado apoyo a Trump se inspiró sobre todo en la creencia de que representaba el cambio, mientras que a Clinton se la veía como la candidata que iba a perpetuar la angustia. Lo más probable es que el «cambio» de Trump sea dañino o peor, pero resulta comprensible que las personas —aisladas en una sociedad atomizada y sin la clase de asociaciones que puedan educarlas y organizarlas, como los sindicatos— no tengan claras las consecuencias. Esta es una diferencia crucial entre la desesperación actual y las actitudes en general optimistas de muchos trabajadores ante condiciones económicas muchísimo más duras durante la Gran Depresión de la década de 1930.

Para el éxito de Trump cuentan también otros factores. Según los estudios comparativos, la doctrina de la supremacía blanca ha marcado más profundamente la cultura estadounidense que la sudafricana, cuando la población blanca está en declive, como no es ningún secreto. La tendencia es que en una década o dos los blancos constituyan una minoría en la fuerza laboral, y no mucho después sean una minoría entre la población. También se perciben ataques a la cultura tradicional conservadora a causa del triunfo de las políticas identitarias, un asunto propio de gentes que no sienten más que desprecio por los «americanos trabajadores, patriotas, que van a la iglesia (blancos), con auténticos valores familiares», que asisten a la desaparición del país que conocían.

Una de las dificultades a la hora de aumentar la preocupación pública sobre las amenazas del calentamiento global es que el 40 por ciento de la población estadounidense no ve dónde está el problema, desde el momento en que Cristo va a volver en cuestión de décadas. Un porcentaje similar cree que el mundo se creó hace unos miles de años. Si la ciencia está en contradicción con la Biblia, tanto peor para la ciencia. Sería harto difícil encontrar algo similar en otras sociedades.

El Partido Demócrata abandonó toda preocupación real por

la clase trabajadora en la década de 1970; sin embargo, se les arrastró a las filas de sus peores enemigos de clase, quienes por lo menos simulan hablar su mismo idioma. Es el caso del estilo campechano de Reagan, que bromeaba y comía caramelos; o la imagen cuidadosamente cultivada de George W. Bush, que se esforzaba en parecer un tipo normal con el que puedes cruzarte en el bar, a quien le encantaba podar el césped a 40 grados y quien probablemente fingía errores de pronunciación, pues resulta inverosímil que hablara así en Yale, y ahora Trump, que da voz a personas con legítimos agravios —personas que no solamente han perdido el trabajo, sino también la autoestima— y que se posicionan contra un Gobierno del que piensan, no sin razón, que ha socavado sus vidas.

Uno de los grandes logros del sistema doctrinal ha sido desviar el enojo desde el sector empresarial hacia el Gobierno que implementa los programas que dicho sector diseña, como los acuerdos de protección de derechos de empresas/inversores, que suelen describirse, equivocadamente, como «acuerdos de libre comercio» por los medios de comunicación y los comentaristas. Con todos los defectos que se quiera, el Gobierno está, hasta cierto punto, bajo la influencia y el control popular, a diferencia del sector empresarial. Es muy ventajoso para el mundo de los negocios fomentar el odio hacia los repelentes burócratas del Gobierno y sacar de la cabeza a la gente la idea subversiva de que dicho Gobierno podría convertirse en un instrumento de la voluntad popular, un Gobierno de, por y para el pueblo.

**¿Trump es el representante de un nuevo movimiento en la política estadounidense, o bien el resultado de estas elecciones es sobre todo un rechazo a Hillary Clinton por parte de votantes que odian a los Clinton y que están hartos de la «política de siempre»?**

De ninguna manera se puede decir que sea algo nuevo. Ambos partidos se desplazaron a la derecha durante el período neoliberal. Los *New Democrats* son en gran parte lo que solía llamarse «republicanos moderados». Los republicanos se han dedicado con tanta pasión a los ricos y al sector empresarial que no tienen esperanzas de conseguir votos con sus auténticos programas, y se han orientado hacia sectores movilizadores de la población que siempre han estado ahí, pero no como una fuerza organizada en coalición política: evangélicos, nativistas, racistas y víctimas de las corrientes actuales de la globalización. En realidad, esta versión de la globalización está diseñada para enfrentar a los trabajadores de todo el mundo en una competición mientras se protege a los privilegiados. Está diseñada también para minar las medidas legales y de otro tipo que brindaban a los trabajadores algún tipo de protección, así como medios para influir en las decisiones de sector público y privado estrechamente vinculadas, sobre todo con sindicatos de trabajadores eficaces. Nada de esto es intrínseco a la globalización. Antes bien, es una forma específica de globalización con facilidades para el inversor, con una mezcla de proteccionismo, derechos del inversor y algunas disposiciones limitadas sobre el comercio auténtico.

Las consecuencias han sido evidentes en las recientes primarias republicanas. Cada uno de los representantes surgido de la base era tan extremista que el *establishment* se vio obligado a utilizar sus vastos recursos para derrotarlos. La diferencia en 2016 es que el *establishment* falló muy a su pesar, como hemos visto. Merecidamente o no, Clinton representaba las políticas que se temían y odiaban, mientras que se veía a Trump como el símbolo del «cambio». ¿Qué tipo de cambio? Eso requiere un estudio cuidadoso de sus propuestas reales, algo que ha faltado en gran parte en todo lo que ha llegado al público. La campaña misma destacó por cómo esquivaba los temas, algo que en los medios de comunicación, en general, se acataba, pues se atenían al concepto de que la verdadera «objetividad» implica informar fielmente de lo que ocurre «dentro del círculo», pero sin aventurarse más allá.

**Al saberse los resultados de las elecciones, Trump dijo que «representaría a todos los estadounidenses». ¿Cómo podrá**

**hacerlo cuando la nación está tan dividida, y después de haber expresado un odio profundo hacia tantos grupos de Estados Unidos, entre ellos las mujeres y las minorías? ¿Ve algún paralelismo entre el Brexit y la victoria de Donald Trump?**

Las similitudes con el Brexit son claras, y también con el ascenso de los partidos de extrema derecha ultranacionalistas en Europa, cuyos líderes fueron muy rápidos a la hora de felicitar a Trump por su victoria, pues lo consideraban uno de los suyos: Nigel Farage, Marine Le Pen, Viktor Orban y otros como ellos. Y estos acontecimientos son bastante aterradores. Si miramos las encuestas en Austria y Alemania —¡Austria y Alemania!—, a los que conocemos lo que ocurrió en la década de 1930 nos vendrán recuerdos desagradables, y a los que lo vivieron, como yo de niño, mucho más. Todavía recuerdo escuchar los discursos de Hitler, sin entender las palabras, aunque el tono y la reacción del público ya daban bastante miedo. El primer artículo que recuerdo haber escrito fue en febrero de 1939, tras la caída de Barcelona, en plena propagación de la aparentemente inexorable plaga fascista. Y por una extraña coincidencia, mi esposa y yo vimos también desde Barcelona los resultados de las elecciones presidenciales de 2016.

Sobre cómo Trump manejará lo que ha ocasionado —no es que lo haya creado, es que lo ha ocasionado—, eso es algo que no podemos prever. Tal vez la imprevisibilidad sea su característica más notable. En gran parte dependerá de las reacciones de los horrorizados por su actuación y de las visiones que ha proyectado, sean cuales sean.

**Trump no tiene una ideología política identificable que guíe sus posiciones en asuntos económicos, sociales y políticos, aunque en su comportamiento hay claras tendencias autoritarias. Por tanto, ¿cree que tienen alguna validez esas afirmaciones de que Trump podría representar la emergencia de un «fascismo de rostro amigable» en Estados Unidos?**

He estado escribiendo y hablando durante muchos años sobre los peligros del ascenso de un ideólogo carismático y honesto en Estados Unidos, alguien que pudiera explotar el miedo y la rabia que se ha estado cociendo en gran parte de la sociedad, y que podría explotar lejos de los autores reales del malestar y afectar, en cambio, a objetivos vulnerables. Eso podría llevar realmente a lo que el sociólogo Bertram Gross llamaba «fascismo amigable» en un valioso estudio de hace treinta y cinco años. Pero eso requiere de un ideólogo honesto, uno del tipo Hitler, no alguien cuya única ideología perceptible es Yo. Los peligros, sin embargo, han sido reales durante muchos años, tal vez más todavía a la luz de las fuerzas que Trump ha desatado.

**Con los republicanos en la Casa Blanca, pero también controlando las dos cámaras y la formación futura de la Corte Suprema, ¿cómo será Estados Unidos durante al menos los próximos cuatro años?**

Eso depende en gran parte de los nombramientos y de su círculo de asesores. Los indicios no son demasiado alentadores, por decirlo suavemente.

La Corte Suprema estará en manos de reaccionarios durante muchos años, y las consecuencias son previsibles. Si Trump sigue con sus programas fiscales al estilo de Paul Ryan, los beneficios para los más ricos serán enormes. El Tax Policy Center (Centro de Políticas Tributarias) calcula que la reducción de impuestos será de cerca del 14 por ciento para el 0,1 por ciento más rico y que para el extremo superior de la escala de ingresos la reducción será sustancial, pero los demás no percibirán ningún alivio en los impuestos y tendrán que asumir nuevas cargas. El respetado corresponsal económico del *Financial Times*, Martin Wolf, escribe: «Las propuestas tributarias derramarían enormes beneficios sobre estadounidenses que ya son ricos, como el señor Trump», mientras que a los demás, incluyendo, por supuesto, a los electores, los dejaría en una situación comprometida. La inmediata reacción del mundo de los negocios revela que los grandes intereses farmacéuticos, Wall Street, la industria militar, las industrias de energía y otras maravillosas instituciones por el estilo esperan tener un futuro muy brillante.

Un avance positivo podría ser el programa de infraestructuras que Trump ha prometido mientras (junto con mucho informe y comentario) esconde que se trata en esencia del programa de estímulos de Obama, que hubiera generado grandes beneficios para la economía y para la sociedad en general, pero que el Congreso republicano anuló con el pretexto de que haría estallar el déficit. La acusación era falsa en ese momento de tasas de interés muy bajas, pero es de lo más pertinente en el programa de Trump, ahora acompañado de recortes extremos de impuestos para los ricos y para el sector empresarial, así como de un mayor gasto por parte del Pentágono.

Sin embargo, existe una salida, proporcionada por Dick Cheney cuando le explicó al secretario del Tesoro de Bush, Paul O'Neill, que «Reagan demostró que los déficits no importan», con lo que se refería a los déficits que nosotros los republicanos creamos con el fin de ganar apoyo popular y que dejamos que otros, preferiblemente demócratas, resuelvan como puedan. Esta técnica puede funcionar, por lo menos durante un tiempo.

Las preguntas sobre consecuencias en la política exterior también son muchas, y en gran parte no tienen respuesta.

**La admiración entre Trump y Putin es mutua. ¿Qué posibilidad hay de que podamos presenciar una nueva era en las relaciones entre Estados Unidos y Rusia?**

Una perspectiva esperanzadora es la posibilidad de una reducción de las tensiones extremadamente peligrosas que se dan en la frontera rusa. Y he dicho «la frontera rusa», no la frontera mexicana, porque esa es otra historia sobre la que no nos extenderemos ahora. También es posible que Europa pueda distanciarse del Estados Unidos de Trump, tal como ya han sugerido la canciller alemana, Angela Merkel, y otros líderes europeos, y de la voz británica del poder estadounidense, después del Brexit. Eso posiblemente llevaría a unos esfuerzos por mitigar las tensiones por parte de los europeos, y tal vez incluso para moverse hacia algo parecido a la visión de Mijaíl Gorbachov de un sistema de seguridad integrada euroasiática sin alianzas militares, posibilidad rechazada por Estados Unidos en favor de la expansión de la OTAN, aunque recientemente la evocó Putin... Pero tal vez no lo dijera en serio, ya que no ha tenido continuidad.

**La política exterior bajo la administración de Trump, ¿será más o menos militarista que la que hemos conocido con la administración de Obama, o incluso con la de George W. Bush?**

No creo que pueda responderse con seguridad. Trump es demasiado impredecible. Las incógnitas son demasiadas. Lo que podemos decir es que la movilización popular y el activismo, organizados y dirigidos como se debe pueden marcar la diferencia.

Y tenemos que recordar que hay mucho en juego.

# El calentamiento global y el futuro de la humanidad*

**C. J. Polychroniou: Entre los científicos, e incluso entre los analistas políticos y sociales, parece que se ha llegado al consenso de que el calentamiento global y el cambio climático representan la mayor amenaza para el planeta. ¿Coincide con esta visión?**

Noam Chomsky: Coincido con la conclusión de los expertos que marcan la hora del Reloj del Juicio Final del *Bulletin of Atomic Scientists* («Boletín de Científicos Atómicos»). Ellos han movido la aguja del reloj dos minutos más cerca de medianoche (a menos tres minutos de medianoche) por el aumento de las amenazas de guerra nuclear y por el calentamiento global. Ese me parece un criterio creíble. Si repasamos los registros parece un milagro que hayamos sobrevivido a la edad nuclear. En repetidas ocasiones la guerra nuclear ha estado muy cerca, a menudo como resultado de una disfunción de los sistemas de alarma y por otros accidentes, y a veces como resultado de acciones muy aventuradas de los líderes políticos. Desde hace ya bastante tiempo sabemos que una gran guerra nuclear puede traer el invierno nuclear, con lo que el atacante quedaría destruido al mis-

* Originalmente publicado en *Truthout*, 17 de septiembre de 2016.

mo nivel que el objetivo. Y las amenazas arrecian, sobre todo en la frontera rusa, con lo que se confirma la predicción de George Kennan y otras figuras prominentes según la cual la expansión de la OTAN, y particularmente el camino escogido para llegar a ella, iban a resultar un «error trágico», un «error político de proporciones históricas».

Como ocurre con el cambio climático, en la actualidad la comunidad científica da por sentado que hemos entrado en una nueva era geológica, el Antropoceno, en la que el clima de la Tierra se ve radicalmente modificado por la acción humana y da lugar a un planeta muy diferente, uno que tal vez no pueda sustentar la vida organizada humana de ninguna forma que pudiéramos tolerar. Hay motivos fundamentados para pensar que ya hemos entrado en la Sexta Extinción, un período de destrucción de especies en una escala masiva, comparable a la quinta extinción de hace 65 millones de años, cuando tres cuartas partes de las especies de la Tierra quedaron destruidas, según parece por un asteroide enorme. El dióxido de carbono atmosférico está creciendo a un ritmo sin precedentes en los registros geológicos desde hace 55 millones de años. La preocupación es —para citar una declaración de 150 distinguidos científicos— que el «calentamiento global, amplificado por las respuestas a la fusión del hielo polar, la liberación de metano por el permafrost y los fuegos forestales extensivos, puede hacerse irreversible», con consecuencias catastróficas para la vida en la Tierra, lo que incluye a los humanos, y no en un futuro distante. Solamente el aumento del nivel del mar —y la destrucción de fuentes de agua al tiempo que se funden los glaciares— podría tener horrendas consecuencias humanas.

**Virtualmente todos los estudios científicos apuntan a una subida de las temperaturas desde 1975, y un reciente artículo del *New York Times* confirma que los avisos que se han venido dando desde hace décadas por parte de los científicos ya no son solo teóricos, puesto que el hielo terrestre se funde y el nivel del mar aumenta.[8] Sin embargo, sigue habiendo gente que no solamente cuestiona la visión científica ampliamente aceptada de**

**que el cambio climático actual es consecuencia de la actividad humana, sino que también ponen en duda la fiabilidad de las temperaturas en superficie. ¿Cree que esto tiene motivaciones políticas, o también viene determinado por la ignorancia y tal vez incluso por el miedo al cambio?**

En esta era nuestra asombra que, en la nación más poderosa de la historia mundial, con un alto grado de educación y de privilegios, uno de los dos partidos políticos niegue virtualmente hechos bien establecidos sobre el cambio climático antropogénico. En los debates de las primarias para las elecciones de 2016, cada uno de los candidatos republicanos era un negacionista del cambio climático, con una excepción, John Kasich, el «moderado racional», quien afirmó que tal vez estaba ocurriendo, pero que lo mejor era no hacer nada. Durante mucho tiempo la prensa le estuvo quitando importancia al asunto. Los eufóricos informes sobre la producción de combustibles fósiles, la independencia energética, etcétera, raramente mencionan que estas bazas no hacen más que acelerar la carrera hacia el desastre. Otros factores influyen también, pero dadas las circunstancias no es nada extraño que una parte considerable de la población o bien se una a los negacionistas o bien quite importancia al problema.

**Según las encuestas mundiales, los estadounidenses son más escépticos que otras personas del mundo sobre el cambio climático.[9] ¿Cuál es el motivo? ¿Qué nos dice esto sobre la cultura política americana?**

Hasta cierto punto se puede decir que Estados Unidos es una sociedad llevada por los negocios en la que las preocupaciones a corto plazo sobre los beneficios y las cuotas de mercado ocupan el lugar de la planificación racional. Estados Unidos también tiene la particularidad de su enorme proporción de fundamentalismo religioso. El impacto en la comprensión del mundo es extraordinario. En los sondeos locales, casi la mitad de los encuestados informan de que creen que Dios creó a los humanos en su forma presente hace diez mil años (o menos) y que el hombre no comparte un antepasado común con el mono. Las creencias sobre el Segundo Advenimiento son similares. El senador James Inhofe, que dirigía el Comité del Senado sobre el Medio Ambiente, habla por muchos cuando dice que «Dios sigue ahí arriba y hay una razón para que esto ocurra», así que interferirse es un sacrilegio por parte de quienes no son más que humanos.

**Según datos recientes relacionados con gases de efecto invernadero, es posible que hayamos dejado atrás el período de emisiones constantemente crecientes.[10] ¿Piensa que puede ser un dato para el optimismo sobre el futuro del medio ambiente?**

Siempre hay sitio para lo que Gramsci llamaba «optimismo de la voluntad». Las opciones siguen siendo muchas, pero disminuyen. Estas opciones van desde iniciativas sencillas que pueden llevarse a cabo fácilmente, como hacer los hogares más efectivos desde el punto de vista climático (eso también podría crear muchos puestos de trabajo) hasta formas de energía completamente nuevas, tal vez fusión, tal vez nuevas maneras de explotar la energía solar fuera de la atmósfera terrestre (lo que se ha planteado seriamente), o hasta métodos de descarbonización que podrían, en teoría, incluso revertir alguno de los enormes daños infligidos al planeta. Y mucho más.

**Dado que el cambio es algo que se da lentamente en el comportamiento humano y que se tardará todavía décadas para que la economía del mundo cambie hacia nuevas formas de energía, más limpias, ¿deberíamos aspirar a una solución tecnológica del cambio climático?**

Cualquier cosa factible y potencialmente efectiva debería explorarse. No hay duda de que una parte significativa de cualquier solución responsable requerirá avances en la tecnología, pero eso solamente puede ser parte de la solución. Son necesarios otros grandes cambios. La producción industrial de carne contribuye grandemente al calentamiento global. Todo el sistema socioeconómico se basa en la producción para el beneficio y en el crecimiento imperativo, y eso no puede sostenerse.

También hay un tema de valores fundamentales: ¿Qué es una vida decente? ¿Es tolerable la relación amo-sirviente? Los objetivos de uno, ¿tienen que consistir realmente en la maximización de los bienes, en eso que Veblen llama «consumo conspicuo»? Seguro que existen aspiraciones más altas y más satisfactorias.

**En la comunidad progresista y radical, incluida la Union of Concerned Scientists («Unión de Científicos Preocupados», UCS por sus siglas en inglés), son muchos los escépticos o incluso los que se oponen a las llamadas «soluciones de geoingeniería». ¿Es esta la otra cara de la moneda respecto a los negacionistas del cambio climático?**

No me parece que será esta una evaluación muy ajustada. La UCS y otros pueden tener razón o pueden equivocarse, pero las razones que ofrecen son serias. Eso también es cierto para ese grupo tan pequeño de científicos que ponen en cuestión el consenso desbordante, pero los movimientos de negacionistas del cambio climático —como los dirigentes del Partido Republicano y aquellos a quienes representan— son un fenómeno diferente. En cuanto a la geoingeniería, las críticas generales que ha suscitado son serias y no creo que puedan ser ignoradas, como en el caso de Clive Hamilton, aunque también han sido abundantes las impresiones positivas. No es una cuestión de juicios subjetivos basados en suposiciones e intuición. Más bien se trata de asuntos que deben considerarse seriamente, con el apoyo del mayor asesoramiento científico posible, y sin abandonar principios de precaución sensatos.

**¿Qué acciones inmediatas, pero realistas y viables, podrían o deberían tomarse para neutralizar la amenaza del cambio climático?**

El fin rápido en el uso de los combustibles fósiles, incremento pronunciado de la energía renovable, investigación para nuevas opciones de energía sostenible, pasos significativos hacia el ahorro energético y, también muy importante, una crítica a fondo del modelo capitalista de explotación humana y de los recursos. Incluso dejando a un lado su ignorancia de externalidades, este último constituye una sentencia de muerte virtual para la especie.

**¿Se puede adivinar de algún modo cómo será el mundo dentro de cincuenta años si los humanos fallan a la hora de abordar y revertir el calentamiento global y el cambio climático?**

Si persisten las tendencias actuales, el resultado serás desastroso en poco tiempo. Amplias partes del mundo se convertirán en casi inhabitables, y eso afectará a centenares de millones de personas, junto con otros desastres que ahora apenas percibimos.

## La larga historia de la intromisión estadounidense en las elecciones de otros países*

**C. J. POLYCHRONIOU: Noam, las agencias de inteligencia estadounidenses han acusado a Rusia de interferencia en la elección presidencial de Estados Unidos con la intención de mejorar las posibilidades de Trump. Algunos dirigentes demócratas han hecho declaraciones según las cuales las estratagemas del Kremlin cambiaron el resultado de las elecciones. ¿Cuál es su reacción ante toda esta polvareda en Washington y entre figuras de la comunicación sobre los esfuerzos cibernéticos y propagandísticos rusos para influir sobre el resultado de las elecciones presidenciales a favor de Donald Trump?**

NOAM CHOMSKY: Gran parte del mundo debe de estar perplejo —si es que no se desternillan de risa— al ver las actuaciones en lugares de responsabilidad y en los medios de comunicación sobre los esfuerzos rusos por influenciar en las elecciones americanas. Esta es una práctica tan habitual del Gobierno de Estados Unidos que resulta fácil detectarla remontándonos

* Originalmente publicado en *Truthout*, 19 de enero de 2017. Parte del material para esta entrevista se ha adaptado a partir de fragmentos de *Deterring Democracy* (Verso Books, 1991). [*Miedo a la democracia*, Crítica, Madrid, 1992.]

por nuestra historia tanto como queramos. Sin embargo, llevan razón, el caso es diferente: para los estándares estadounidenses, los esfuerzos de Rusia son tan insignificantes que cuesta reparar en ellos.

**Hablemos de la larga historia del intervencionismo estadounidense en asuntos políticos extranjeros, que siempre se ha justificado moral y políticamente como la propagación de la democracia al estilo americano por todo el mundo.**

La historia de la política exterior de EE. UU., especialmente después de la Segunda Guerra Mundial, se define en gran parte por la subversión y el derrocamiento de regímenes extranjeros, y entre ellos regímenes parlamentarios, y por el recurso a la violencia para destruir organizaciones populares que podrían facilitar a la mayoría de la población una oportunidad para entrar en el escenario político.

Tras la Segunda Guerra Mundial, Estados Unidos se dedicó a restaurar el orden conservador tradicional. Para alcanzar este objetivo era necesario destruir la resistencia antifascista, a menudo favoreciendo a colaboradores nazis, debilitar los sindicatos y otras organizaciones populares y bloquear la amenaza de la democracia racial y de la reforma social, que eran opciones muy vivas por las circunstancias del momento. Estas políticas se siguieron por todo el mundo. En Asia, con Corea del Sur, Filipinas, Tailandia, Indochina y, de modo crucial, Japón; en Europa, con Grecia, Italia, Francia y, de modo crucial, Alemania; en Latinoamérica, con lo que según la CIA eran las amenazas más serias en ese momento, el «nacionalismo radical» de Guatemala y Bolivia.

A veces la tarea requería una considerable brutalidad. En Corea del Sur, las fuerzas de seguridad, instaladas y dirigidas por Estados Unidos, asesinaron a unas 100.000 personas a finales de la década de 1940. Eso fue antes de la guerra de Corea, que Jon Halliday y Bruce Cumings describen como «en esencia» una fase —marcada por la intervención exterior masiva— en una «guerra civil entre dos fuerzas locales: un movimiento nacionalista revolucionario, que tenía sus raíces en la dura lucha anticolonial, y un movimiento conservador vinculado al statu quo, especialmente a un sistema agrario desequilibrado», que volvió al poder durante la ocupación estadounidense. En Grecia, durante esos mismos años, centenares de miles de personas fueron asesinadas, torturadas, encarceladas o expulsadas en el curso de una operación de contrainsurgencia, organizada y dirigida por Estados Unidos, que repuso a las élites tradicionales en el poder, con colaboradores nazis entre sus efectivos, y suprimió a las fuerzas con base campesina y obrera que habían luchado contra los nazis. En las sociedades industrializadas se consiguieron los mismos objetivos, pero con medios menos violentos.

**Y, sin embargo, es cierto que se han dado casos en los que Estados Unidos estaba directamente implicado en la organización de golpes, incluso en democracias industriales avanzadas, como Australia e Italia a mediados de la década de 1970, ¿no es así?**

Sí, hay evidencias de la involucración de la CIA en un golpe virtual que derrocó al Gobierno laborista de Whitlam en Australia en 1975, cuando se temía que Whitlam pudiera interferir con las bases militares y de inteligencia en Australia. La interposición a gran escala de la CIA en la política italiana se conoció públicamente desde que se filtró el informe Pike del Congreso, en el que se citaba una cifra de más de 65 millones de dólares para partidos políticos y afiliados aprobados desde 1948 hasta inicios de la década de 1970. En 1976, el Gobierno de Aldo Moro en Italia cayó después de que se conociera que la CIA había gastado 6 millones de dólares como apoyo de candidatos anticomunistas. En esos tiempos, los partidos comunistas europeos se movían hacia la independencia de acción con tendencias plurales y democráticas (eurocomunismo), un desarrollo que de hecho no gustaba ni en Washington ni en Moscú. Por estas razones, ambos superpoderes se oponían a la legalización del Partido Comunista de España y a la creciente influencia del Partido Comunista en Italia, y ambos preferían gobiernos de centroderecha en Francia. El secretario de Estado Henry Kissinger describía «el mayor problema» en la alianza occidental como «la evolución local en muchos países europeos», que podía hacer que los partidos comunistas occidentales resultaran más atractivos para el público, con lo que se darían movimientos hacia la independencia y amenazadores para la OTAN.

**Las intervenciones de Estados Unidos en los asuntos políticos de otras naciones siempre se han justificado política y moralmente como parte de la fe en la doctrina que quiere extender la democracia al estilo americano, pero la razón real es por supuesto extender el capitalismo y el dominio de las reglas de los negocios. ¿La fe en la extensión de la democracia ha sido creíble en algún momento?**

Ningún concepto que tenga que ver con la política exterior estadounidense está más arraigado que el que concierne a la propagación de la democracia al estilo americano. Normalmente esta tesis ni siguiera se expresa, puesto que se presupone como la base para un discurso razonable sobre el papel de EE. UU. en el mundo.

La fe en esta doctrina puede parecer sorprendente. Sin embargo, en un sentido esta doctrina convencional es razonable. Si por «estilo americano de democracia» entendemos un sistema político con elecciones regulares, pero sin un desafío serio para el dominio de los negocios, entonces los responsables políticos estadounidenses sin duda se impacientan por ver que este sistema efectivamente se establece en todo el mundo. Por tanto, la doctrina no se ve afectada por mucho que la contradigan si el concepto de democracia se ve de otro modo: como un sistema en el que los ciudadanos pueden jugar un papel determinante en la gestión de los asuntos públicos.

**¿Qué lecciones podemos sacar entonces de todo esto respecto al concepto de democracia tal como lo entienden los responsables políticos de EE. UU. en sus esfuerzos por crear un nuevo orden mundial?**

Un problema que surgió cuando las zonas se iban liberando del fascismo tras la Segunda Guerra Mundial fue que las élites tradicionales habían quedado desacreditadas, mientras que el movimiento de la resistencia —basado ampliamente en grupos sensibles a la clase obrera y a los pobres, y muchas veces comprometido con alguna versión de democracia radical— había ganado prestigio e influencia. Un colaborador de Churchill, el primer ministro sudafricano, Jan Christiaan Smuts, había planteado el dilema ya en 1943 al referirse a la Europa meridional: «Con la democracia suelta entre estos pueblos seguramente tendremos una oleada de desorden y comunismo al por mayor.» En este caso la palabra «desorden» se entiende como amenaza para los intereses de los privilegiados, y «comunismo», de acuerdo con las convenciones al uso, se refiere al hecho de no interpretar «democracia» como dominio de las élites, sean cuales sean los demás compromisos de los comunistas. Con la política suelta, nos enfrentamos a una «crisis de la democracia», tal como los sectores privilegiados la han entendido siempre.

En resumen, en ese momento de la historia, Estados Unidos se enfrentaba a la disyuntiva clásica de intervención tercermundista también en grandes zonas del mundo industrial. La posición de EE. UU. era «políticamente débil», aunque fuerte desde el punto de vista militar y económico. Las opciones tácticas se determinan mediante una evaluación de fuerzas y debilidades. De manera natural se optó por un escenario de firmeza y de medidas de guerra económica y estrangulamiento en cuya administración Estados Unidos siempre ha destacado.

**El plan Marshall, ¿acaso no fue una herramienta de consolidación del capitalismo y de expansión del dominio de los negocios por toda Europa tras la Segunda Guerra Mundial?**

Absolutamente. Por ejemplo, la extensión del plan Marshall en países como Francia e Italia dependía de la exclusión de los comunistas —entre ellos, elementos principales de la resistencia antifascista y obrera— del Gobierno: «democracia» en su sentido habitual. La ayuda de EE. UU. fue críticamente importante en los primeros años para el pueblo que sufría en Europa, y como representaba un mecanismo de control poderoso tuvo mucha significancia para los intereses empresariales y los planes a largo plazo de EE. UU. El miedo en Washington era que, sin una asistencia financiera masiva, la izquierda comunista pudiera alzarse con la victoria en Italia y en Francia.

En vísperas del anuncio del plan Marshall, Jefferson Caffery, embajador en Francia, advirtió al propio Marshall, secretario de Estado, de las consecuencias que tendría la victoria de los comunistas en Francia: «La penetración soviética en Europa occidental, África, el Mediterráneo y Oriente Medio quedaría muy facilitada» (12 de mayo de 1947). Las fichas del dominó estaban a punto de caer. Durante mayo, Estados Unidos presionó a los líderes políticos en Francia e Italia para formar gobiernos de coalición que excluyeran a los comunistas. Estaba muy claro que la ayuda dependía de si se prevenía una competición política abierta, en la que la izquierda y las fuerzas obreras podían dominar. Durante el año 1948, Marshall, el secretario de Estado, y otros subrayaron que, si los comunistas salían elegidos, la ayuda de EE. UU. concluiría. Era una amenaza importante, dadas las circunstancias de Europa en aquellos tiempos.

En Francia, la miseria de la posguerra se aprovechó para perjudicar al movimiento obrero francés, junto con la violencia directa. Los suministros de comida, que se necesitaba con desesperación, se retenían para practicar la coerción, y se recurría a los gánsteres para la organización de grupos de matones y de rompedores de huelgas, un asunto que se describe con bastante orgullo en historias sindicales semioficiales de EE. UU., en donde se alaba a la AFL (American Federation of Labor, «Federación Americana del Trabajo») por sus logros a la hora de ayudar a salvar Europa mediante la división y el debilitamiento del movimiento obrero (y así frustrar los pretendidos planes soviéticos) y con la protección del tráfico de armas hacia Indochina para la guerra de reconquista francesa, otro objetivo importante de la burocracia sindical de EE. UU. La CIA reconstruyó la Mafia con este propósito, en una de sus primeras operaciones.

El quid pro quo era la restauración del tráfico de heroína. La conexión del Gobierno de Estados Unidos con el éxito de las drogas continuó durante varias décadas.

Las políticas de EE. UU. respecto a Italia prácticamente se prosiguieron desde el punto en que se habían visto interrumpidas por la Segunda Guerra Mundial. Estados Unidos había apoyado el fascismo de Mussolini desde la toma del poder en 1922 y a lo largo de la década de 1930. En tiempo de guerra, la alianza de Mussolini con Hitler acabó con estas relaciones amistosas, pero se reiniciaron en 1943, cuando las fuerzas de EE. UU. liberaron la Italia meridional y pusieron al mando al mariscal de campo Pietro Badoglio y a la familia real, que habían colaborado con el Gobierno fascista. A medida que las fuerzas aliadas avanzaban hacia el norte, iban dispersando la resistencia antifascista junto con los organismos de gobierno local que esta había formado en un intento de establecer un nuevo Estado democrático en las zonas liberadas del yugo alemán. Finalmente se estableció un Gobierno de centroderecha con participación neofascista y la izquierda pronto excluida.

También en este caso, el plan era que las clases trabajadoras y los pobres cargaran con la reconstrucción, con sueldos más bajos y despidos masivos. La ayuda dependía de si se sacaba a los comunistas y socialistas de izquierdas de los despachos, porque defendían los intereses de los obreros y por tanto suponían una barrera para la recuperación que se pretendía, según la visión del Departamento de Estado. El Partido Comunista se había mostrado dispuesto a colaborar: su posición «fundamentalmente implicaba la subordinación de todas las reformas a la liberación de Italia y frenaba con efectividad cualquier intento en las zonas del norte de introducir cambios políticos irreversibles, así como cambios en la titularidad de las compañías industriales [...] mediante la desautorización y el desaliento de los grupos de trabajadores que querían expropiar algunas fábricas», tal como explica Gianfranco Pasquino. Pero lo que sí quería defender el partido eran los empleos, los salarios y las condiciones de vida de los pobres y, por tanto, «constituían una barrera psicológica y política para un potencial programa de recuperación europeo», explica el historiador John Harper después de considerar la insistencia de Kennan y otros en que los comunistas debían quedar excluidos del Gobierno, aunque reconocieran la «conveniencia» de incluir representantes de lo que Harper denomina «clase trabajadora democrática». Se daba por supuesto que la recuperación se hacía a expensas de la clase trabajadora y de los pobres.

Por la sensibilidad mostrada ante las necesidades de estos sectores sociales, la propaganda de EE. UU. calificaba al Partido Comunista de «extremista» y «antidemocrático», con lo que también se manipulaba diestramente la pretendida amenaza soviética. Bajo la presión estadounidense, los democratacristianos abandonaron sus promesas del tiempo de la guerra sobre la posibilidad de una mayor democracia laboral, y se incitaba a la policía, a veces bajo el control de exfascistas, a suprimir la labor de los sindicatos. El Vaticano anunció que a cualquiera que votara a los comunistas en las elecciones de 1948 se le negarían los sacramentos, y respaldó a los democratacristianos conservadores con el eslogan «*O con Cristo o contro Cristo*». Un año más tarde, el papa Pío XII excomulgó a todos los comunistas italianos.

Una combinación de violencia, manipulación de la ayuda y otras amenazas, así como una enorme campaña de propaganda, bastaron para determinar los resultados de las críticas elecciones de 1948, en esencia compradas por la intervención y las presiones estadounidenses.

Las operaciones de la CIA para controlar las elecciones italianas, autorizadas por el Consejo Nacional de Seguridad en diciembre de 1947, fueron la primera operación clandestina de cierta entidad para la recién formada agencia. Las operaciones de la CIA para subvertir la democracia italiana continuaron en una escala sustancial hasta bien entrada la década de 1970.

En Italia, lo mismo que en todas partes, los directivos de los sindicatos estadounidenses, sobre todo de la AFL, jugaron un papel destacado a la hora de dividir y debilitar el movimiento sindical y de inducir a los trabajadores a aceptar las medidas de austeridad mientras que los empresarios cosechaban grandes beneficios. En Francia, la AFL rompió huelgas mediante la importación de esquiroles italianos pagados por medio de negocios estadounidenses. El Departamento de Estado recurrió a los dirigentes de la federación para que ejercieran sus habilidades en el acoso a los sindicatos también en Italia, y estuvieron encantados de cumplir con el encargo. El empresariado, desacreditado hasta entonces por su asociación con el fascismo italiano, insistió en su vigorosa lucha de clases con renovada confianza. El resultado final fue la subordinación de la clase obrera y de los pobres a los jefes tradicionales.

Los comentaristas posteriores tienden a considerar la subversión de la democracia en Francia e Italia por parte de Estados Unidos como una defensa de esta misma democracia. En un estudio muy reputado sobre la CIA y la democracia estadounidense, Rhodri Jeffreys-Jones describe la «aventura de la CIA en Italia», junto con sus esfuerzos similares en Francia, como «una operación de fomento de la democracia», aunque reconoce que «la selección de Italia para que recibiera una atención especial [...] no fue en absoluto una cuestión únicamente de principios democráticos», ya que nuestra pasión por la democracia se veía reforzada por la importancia estratégica del país. De este modo, el compromiso con el «principio democrático» fue la inspiración para el Gobierno de EE. UU. cuando impuso los regímenes sociales y políticos de su elección, por medio del enorme poder de que disponía y aprovechando la privación y la angustia de las víctimas de la guerra, a quienes se debe aleccionar para que no levanten la cabeza si de lo que se trata es de disfrutar de una auténtica democracia.

James Miller sostiene una teoría más matizada en su monografía sobre las políticas estadounidenses respecto a Italia. En su resumen del informe, concluye:

> Vista en retrospectiva, la involucración de Estados Unidos en la estabilización de Italia fue un logro significativo, aunque incómodo. El poder estadounidense garantizaba a

los italianos el derecho a escoger su futura forma de gobierno y también se empleaba en asegurar que escogían la democracia. En defensa de esta democracia contra amenazas, tanto exteriores como interiores, reales pero tal vez sobrevaloradas, Estados Unidos utilizó tácticas no democráticas que tendían a minar la legitimidad del Estado italiano.

Las «amenazas exteriores», tal como lo argumenta anteriormente, tenían poco de reales. La Unión Soviética miraba desde la distancia mientras Estados Unidos subvertía las elecciones de 1948 y restauraba el orden conservador tradicional, manteniendo el acuerdo con Churchill en tiempos de guerra que dejaba a Italia en la zona occidental. La «amenaza interior» era la amenaza de la democracia.

La idea de que la intervención de EE. UU. proporcionaba a los italianos la libertad de elección al tiempo que se aseguraba de que elegían «democracia» (según nuestro especial sentido del término) recuerda a la actitud de esas «palomas extremas» hacia Latinoamérica: que su pueblo debería escoger libre e independientemente... Siempre que al hacerlo no fuera en contra de los intereses estadounidenses.

El ideal democrático en casa y fuera de casa es simple y directo: eres libre de querer lo que quieras, siempre que sea lo que yo quiero que hagas.

## El legado de la administración Obama*

C. J. POLYCHRONIOU: **Barack Obama fue elegido presidente de Estados Unidos en 2008 en medio de una oleada de optimismo, pero en un momento en que el país estaba prisionero de lo que la crisis financiera había ocasionado, según las palabras del mismo Obama, por «el comportamiento temerario de muchas instituciones financieras de todo el mundo» y por «los tipos de Wall Street». La subida al poder de Obama está muy bien documentada, incluso el inicio de su carrera política bajo los auspicios de Tony Rezko, el conocido agente inmobiliario de Chicago y buhonero del poder, pero el legado de su presidencia todavía tiene que considerarse. Primero, ¿en su opinión, salvó Obama la economía estadounidense de un derrumbamiento? Y segundo, ¿inició políticas para asegurar la contención del «comportamiento financiero temerario»?**

NOAM CHOMSKY: Sobre la primera cuestión, se sigue planteando un debate. Algunos economistas arguyen que los rescates bancarios no eran necesarios para evitar una depresión grave, y que el sistema se habría recuperado, probablemente con la quiebra de alguno de los grandes bancos. Dean Baker es de esta

* Originalmente publicado en *Truthout*, 2 de junio de 2016.

opinión. En cuanto a la mía, no me merece suficiente confianza como para reafirmarme en ella.

Sobre la segunda cuestión, la reforma Dodd-Frank avanzó unos pasos e hizo el sistema más transparente, y los requerimientos para la reserva aumentaron, etcétera, pero la intervención del Congreso recortó algunas regulaciones; por ejemplo, las concernientes a las transacciones derivativas, lo que levantó grandes protestas por parte de los favorables a la reforma. Algunos comentaristas, entre ellos Matt Taibbi, por ejemplo, se han quejado de que la connivencia entre Wall Street y el Congreso perjudicó en gran parte la fuerza de la reforma desde el principio.

**¿Cuáles cree que fueron los factores reales que estuvieron tras la crisis financiera de 2008?**

La causa inmediata de la crisis fue la burbuja inmobiliaria, basada sustancialmente en hipotecas de alto riesgo junto con instrumentos financieros exóticos diseñados para distribuir el riesgo, con lo que se hacían tan complejos que muy pocos entendían quién debía qué a quién. Las razones más fundamentales tienen que ver con ineficiencias básicas del mercado. Si usted y yo nos ponemos de acuerdo en alguna transacción (pongamos que me vende un coche), nos podemos hacer una buena oferta, pero no tenemos en cuenta el efecto sobre los demás (polución, embotellamientos, aumento del precio de la gasolina y demás). Estas «externalidades» pueden ser muy amplias. En el caso de las instituciones financieras, el efecto es minusvalorar el riesgo por ignorar el «riesgo sistémico». De este modo, si Goldman Sachs presta dinero, si lo administra bien, tendrá en cuenta el riesgo potencial para sí mismo en caso de que el prestador no pueda pagar, pero no el riesgo para el sistema financiero en su conjunto. El resultado es que el riesgo está minusvalorado. El riesgo para una economía saneada es demasiado grande. En principio es algo que la regulación saneada podría controlar, pero la financiación de la economía se ha visto acompañada por la manía desreguladora, basada en nociones teológicas de «mercados eficientes» o de «elección racional». Resulta interesante comprobar que diversas personas que tuvieron responsabilidades principales en estas políticas destructivas fueron elegidas como consejeros de política económica de primer orden para Obama (Robert Rubin, Larry Summers, Tim Geithner y otros) durante su primer mandato en la Casa Blanca. Alan Greenspan, el gran héroe de unos años antes, incluso llegó a reconocer con toda tranquilidad que no entendía cómo funcionaban los mercados, lo que no deja de ser remarcable.

Existen también otros mecanismos que llevan a menoscabar el riesgo. Las reglas gubernamentales sobre la administración empresarial proveen incentivos perversos: a los directores generales se los recompensa por aceptar riesgos a corto plazo, y pueden dejar en la ruina a alguna otra persona, mientras ellos siguen flotando en sus «paracaídas dorados» cuando sobreviene el derrumbamiento. Y hay mucho más.

**¿La crisis financiera de 2008 volvió a revelar que el capitalismo es un sistema parasitario?**

Vale la pena recordar que el «capitalismo realmente existente» está muy distanciado del capitalismo, al menos en los países ricos y poderosos. De este modo, en Estados Unidos la economía avanzada está vinculada crucialmente al sector estatal dinámico para socializar el coste y el riesgo al tiempo que se privatiza el beneficio eventual... Y «eventual» puede ser mucho tiempo: en el caso del núcleo de la economía de alta tecnología, de los ordenadores y de Internet, se trató de décadas. Si queremos que las preguntas puedan plantearse seriamente, hay todavía mucha mitología que desmantelar.

Las economías de capitalismo estatal existentes son realmente «parasitarias» sobre la población, de la manera que se ha indicado y de otras: rescates (que son muy comunes también en el sistema industrial), medidas de «comercio» muy proteccionistas que garantizan los derechos de monopolio a empresas con subsidios estatales y muchos otros mecanismos.

**Durante su primer mandato como presidente, usted reconocía que Obama se enfrentaba a una multitud excepcionalmente hostil en el Capitolio, que naturalmente siguió siendo hostil durante los dos mandatos. Sea como fuere, ¿Obama fue en algún caso un reformador o más bien se trató de un manipulador del público que utilizaba la retórica política para dejar de lado la inclinación progresista del país en una época de gran desigualdad y de descontento masivo sobre el futuro de Estados Unidos?**

Obama disfrutó del apoyo del Congreso durante sus primeros dos años, y en ese tiempo suelen introducirse la mayoría de las iniciativas presidenciales. Personalmente, no vi en ningún momento indicación alguna de que se propusiera dar pasos de progresión sustantiva. Escribí sobre él antes de las primarias de 2008, basándome en la página web en la que se presentaba como candidato. Me decepcionó particularmente, por decirlo de un modo suave. De hecho, estaba impactado, por las razones que expuse.

Consideremos lo que Obama y sus partidarios consideran como el colofón de sus logros, la Ley de Atención Asequible. Al principio se ofrecía una opción pública (efectivamente, sanidad *pública* nacional). Tenía un apoyo popular de casi dos tercios. Se descartó sin ninguna consideración aparente. La estrafalaria legislación que prohibía al Gobierno negociar los precios de los medicamentos tenía la oposición de aproximadamente el 85 por ciento de la población, pero se mantuvo tras una discusión muy somera. La ley es una mejora de lo que constituye todavía un escándalo internacional, pero esta mejora no resulta sustancial y presenta carencias fundamentales.

Pensemos en las armas nucleares. Obama tenía algunas cosas bonitas que decir sobre el asunto, las suficientes para ganar el premio Nobel de la Paz, y se han dado algunos progresos, pero muy ligeros, mientras que los movimientos actuales van en la dirección equivocada.

En general es lo mismo: mucha retórica suave, algunos pasos positivos, algunos pasos atrás y, en conjunto, un historial no demasiado impresionante. Es una evaluación justa, a mi entender, incluso si dejamos de lado la extraordinaria postura del Partido Republicano, que después de la elección de Obama dejó claro que eran un partido con un solo propósito: evitar que el presidente hiciera algo, sin que importara lo que ocurriera en el país, ni en el mundo. Es difícil encontrar algo análogo entre las democracias industriales. No debemos extrañarnos si los analistas políticos conservadores más respetados (como Thomas Mann o Norman Ornstein, del conservador American Enterprise Institute) se refieren al partido como una «insurgencia radical» que ha abandonado la política parlamentaria normal.

**En el terreno de la política real, Obama decía luchar por una nueva era en Estados Unidos, lejos del militarismo de su predecesor y orientada hacia el respeto a la ley internacional y a la diplomacia activa. ¿Cómo juzgaría la estrategia extranjera y militar bajo la administración Obama?**

Se ha mostrado más comedido a la hora de utilizar las tropas terrestres que alguno de sus predecesores y consejeros. En lugar de eso, ha incrementado rápidamente las operaciones especiales y su campaña global de asesinatos con drones, un desastre moral y presumiblemente también ilegal.[11] En otros frentes, las tendencias son diversas. Obama ha seguido obstaculizando la creación de una zona libre de armas nucleares (técnicamente, armas de destrucción masiva) en Oriente Medio, evidentemente llevado por la necesidad de proteger el armamento israelí de una inspección internacional. Al actuar de este modo, pone en peligro el Tratado de No Proliferación Nuclear —el tratado de desarme más importante—, pues este depende del establecimiento de dicha zona. También hace que aumente la tensión hasta cotas peligrosas a lo largo de la frontera rusa con políticas antiguas. Su programa de trillones de dólares para la modernización del sistema de armas nucleares es justamente lo opuesto a lo que debería hacerse. Por otra parte, es muy probable que los acuerdos sobre los derechos de los inversores (llamados «acuerdos de libre comercio») sean en general perjudiciales para la población y beneficiosos para el sector empresarial. Se mostró razonable al ceder a las presiones hemisféricas y ha dado pasos hacia la normalización de relaciones con Cuba. Estos y otros movimientos conforman un panorama diverso, que va desde las actuaciones criminales hasta las mejoras moderadas.

**Al comprobar el estado de la economía americana, uno podría afirmar que los efectos de la crisis financiera de 2007-2008 ya no son palpables, pero en su lugar las políticas aplicadas continúan perjudicando el nivel de vida de la población trabajadora y producen una inseguridad económica enorme. ¿Se debe esto al neoliberalismo y a las peculiaridades de la naturaleza de la economía americana, o se trata de los efectos de las fuerzas globales y sistémicas, como el libre movimiento de capital, la automatización y el fin de la industrialización?**

El asalto neoliberal a la población permanece intacto, aunque menos en Estados Unidos que en Europa. La automatización no es un factor clave, y la industrialización no se acaba, se trata solamente de una deslocalización. La financiación, naturalmente, explotó durante el período neoliberal, y las políticas generales, de carácter bastante global, están designadas para potenciar el poder privado y empresarial. Esto genera un círculo vicioso en el que la concentración de riqueza lleva a la concentración de poder político, que a su vez genera legislación y prácticas administrativas que llevan el proceso hacia delante. También se dan fuerzas compensatorias, y podrían hacerse más notables. El potencial está ahí, tal como vemos en la campaña de Sanders e incluso en la de Trump, siempre que la clase obrera blanca a la que Trump apela pudiera organizarse y se concentrara en lo que son sus intereses reales, en lugar de ser esclava de sus enemigos de clase.

En la medida en que los programas de Trump puedan ser coherentes, caen en la misma categoría general que los de Paul Ryan, que ha tenido el detalle de expresarlos claramente: incrementar el gasto militar (que ya se sitúa en más de la mitad del gasto discrecional y casi tanto como el resto del mundo junto) y recortar impuestos, sobre todo a los ricos, sin ninguna nueva fuente de ingresos. En resumen, no queda gran cosa para un programa de Gobierno que pueda ser beneficioso para la población en general y para el mundo. Trump genera tantas declaraciones arbitrarias y muchas veces contradictorias que no resulta fácil atribuirle un programa, pero sí que permanece regularmente en esta zona... Lo que significa, por otra parte, que sus afirmaciones sobre el apoyo a la seguridad social y a Medicare no tienen ningún valor.

Como no puede movilizar a la clase obrera blanca para que apoye al enemigo de clase mediante los programas reales, la «insurgencia radical» llamada «Partido Republicano» llama a sus componentes mediante lo que se denominan «temas socioculturales»: religión, miedo, racismo, nacionalismo. El abandono de la clase obrera blanca por parte del Partido Demócrata —que únicamente ofrece «más de lo mismo»— facilita estos llamamientos. Entonces resulta fácil para las clases liberales profesionales acusar a la clase obrera blanca de racismo y de otros pecados semejantes, aunque si lo miramos más de cerca comprobaremos que las manifestaciones de esta enfermedad tan enraizada en la sociedad no hacen más que tomar formas diferentes entre sectores diversos.

**El carisma de Obama y unas habilidades retóricas únicas fueron elementos esenciales en su lucha por ascender al poder, mientras que Donald Trump es un extrovertido que quiere proyectar la imagen de una personalidad poderosa que sabe cómo hacerlo todo, incluso apoyándose en banalidades para crearla: la imagen del futuro líder del país. En la política, ¿cuentan realmente algo las personalidades, especialmente en esta época nuestra?**

Estoy particularmente en contra de los líderes carismáticos, y por lo que respecta a los fuertes, depende de para qué estén trabajando. Los mejores, en sociedades como las nuestras, son los del tipo Franklin D. Roosevelt, que reaccionan ante los movimientos populares, que se muestran comprensivos con ellos, que los fomentan para llevar a cabo reformas significativas. A veces, por lo menos.

**Y los políticos que quieren ostentar cargos electos tienen que ser buenos actores, ¿no es así?**

Las campañas electorales, especialmente en Estados Unidos, las controlan las agencias publicitarias. La campaña de 2008 de Barack Obama ganó en la votación organizada por la industria de la publicidad como mejor campaña de *marketing* del año.

**El último discurso de Obama sobre el Estado de la Unión tuvo toda la retórica de alguien que opta a la presidencia, no de alguien que la ha ostentado durante más de siete años. ¿Qué le pareció esa visión de Obama sobre cómo debería ser y cómo debería funcionar el país dentro de ocho o diez años?**

Habló como si no lo hubieran elegido hacía ocho años. Obama tuvo un montón de oportunidades para cambiar la deriva del país. Incluso su «rúbrica», la reforma del sistema de asistencia sanitaria, es una versión rebajada, tal como comentaba antes. A pesar del gran asalto propagandístico que denunciaba la participación del Gobierno en la asistencia sanitaria, y a pesar de una respuesta razonada muy limitada, la mayoría de la población (y una gran mayoría de demócratas) sigue estando a favor de un sistema sanitario nacional, pero Obama ni siquiera lo intentó, ni tan solo cuando disponía del apoyo del Congreso.

**Ha afirmado que las armas nucleares y el cambio climático representan las dos mayores amenazas a las que se enfrenta la humanidad. Según su opinión, ¿el cambio climático es un efecto directo del capitalismo, como sería la visión de alguien como Naomi Klein, por ejemplo, o es algo relacionado con la humanidad y el progreso en general, tal como lo explicaría el filósofo británico John Gray?**

Los geólogos dividen la historia planetaria en eras. El Pleistoceno duró millones de años, y lo siguió el Holoceno, que empezó durante el tiempo de la revolución de la agricultura, hace diez mil años, y recientemente el Antropoceno, que corresponde a la era de la industrialización. Lo que llamamos «capitalismo» —en la práctica, diversas variedades de capitalismo de Estado— tiende en parte a mantener los principios del mercado que ignoran factores no mercantiles en las transacciones: son las llamadas externalidades, el coste que tiene para Tom el hecho de que Bill y Harry hagan una transacción. Esto ha sido siempre un problema serio, como el riesgo sistémico en el sistema financiero, en cuyo caso se acude al contribuyente para que cubra los «fallos del mercado». Otra externalidad es la destrucción del medio ambiente, pero en este caso el contribuyente no puede intervenir para restaurar el sistema. No se trata de «humanidad y progreso», sino más bien de una forma particular de desarrollo económico, que necesita no ser específicamente capitalista. El sistema estatista (no socialista) autoritario ruso era incluso peor. Se pueden dar pasos importantes dentro de sistemas ya existentes (tasa por emisiones de carbono, energía alternativa, protección de la naturaleza, etcétera), y deben proseguirse tanto como sea posible, junto con los esfuerzos para reconstruir la sociedad y la cultura para que sirva a las necesidades humanas y no al poder y al lucro.

**¿Qué opinión le merecen esas iniciativas de geoingeniería para limpiar el entorno, como las que utilizan tecnologías de sustracción de carbono para aspirarlo del aire?**

Esas iniciativas tienen que evaluarse con gran cuidado y teniendo en cuenta los problemas que puedan surgir: desde el detalle más técnico hasta el impacto que ocasionen en una escala social o ambiental, todos ellos aspectos que pueden resultar muy complejos y por ello mal comprendidos. La sustracción del carbono del aire es algo que se hace continuamente al plantar bosques, y eso puede incrementarse para que los efectos sean mejores, pero mis conocimientos sobre la materia no son lo bastante especializados como para proporcionar respuestas definitivas. Otras propuestas más exóticas tienen que considerarse por sus propios méritos y con la debida precaución.

**Algunos países que son grandes productores de petróleo, como Arabia Saudí, están en el proceso de diversificar sus economías, en apariencia completamente conscientes de que la era del combustible fósil está tocando a su fin. A la luz de este desarrollo, ¿la política extranjera hacia Oriente Medio no tomará un nuevo rumbo una vez que el petróleo deje de ser el bien valioso que ha sido hasta ahora?**

Los líderes de Arabia Saudí han tomado cartas en el asunto demasiado tarde. Estos planes deberían haberse iniciado con seriedad hace décadas. Arabia Saudí y los Estados del Golfo pueden hacerse inhabitables en un futuro no muy lejano si persisten las tendencias actuales. En la más amarga de las ironías, han estado sobreviviendo gracias al veneno que producen y que los destruirá: un comentario que vale para todos, aunque menos directamente. Hasta qué punto son serios esos planes es algo que no queda muy claro. Los escépticos son muchos. En Twitter se comenta que separan el Ministerio de la Electricidad del Ministerio del Agua por miedo a quedar electrocutados. Eso es una muestra del sentimiento general. Sería fantástico que nos equivocáramos.

## Socialismo para los ricos, capitalismo para los pobres*

**C. J. POLYCHRONIOU: Noam, en algunos de sus escritos cuestiona la visión corriente de Estados Unidos como economía capitalista arquetípica. Por favor, explíquelo.**

NOAM CHOMSKY: Tenemos que pensar por un momento esto: Cada vez que hay una crisis, se recurre al contribuyente para que rescate a los bancos y a las principales instituciones financieras. Si tuvieras instaurada una economía capitalista de verdad, eso no sería lo que ocurriría. Los capitalistas que hicieran inversiones arriesgadas y fracasaran se verían barridos del mapa. Pero los ricos y poderosos no desean un sistema capitalista. Lo que quieren es el control de un Estado niñera en el que cuando tengan problemas les rescate el contribuyente. La expresión habitual es «demasiado grande para caer».

El FMI hizo un interesante estudio hace unos años sobre los beneficios en los grandes bancos americanos. Atribuía la mayoría de ellos a las muchas ventajas propias de la política implícita del Gobierno: no solamente los rescates, sino también el acceso a créditos baratos y mucho más, incluyendo aspectos que los investigadores del FMI no consideran, como el incentivo para

* Originalmente publicado en *Truthout*, 10 de diciembre de 2016.

emprender transacciones arriesgadas, y por tanto muy provechosas a corto plazo, y si algo sale mal, siempre estará el contribuyente. *Bloomberg Businessweek* estimaba que el subsidio implícito de los contribuyentes era de más de 80 mil millones de dólares por año.

**Se ha dicho y escrito mucho sobre la desigualdad económica. ¿La desigualdad económica en la era capitalista contemporánea es muy diferente a la conocida en otros períodos posesclavistas de la historia americana?**

La desigualdad del período contemporáneo casi no tiene precedentes. Si pensamos en términos de desigualdad total, se encuentra entre los peores períodos de la historia americana. Sin embargo, si consideramos la desigualdad desde más cerca, comprobaremos que proviene de riqueza que está en manos de un pequeño sector de la población. Hubo períodos de la historia americana, como durante la Edad Dorada de la década de 1920, o como los *roaring nineties* en el caso de la de 1990, cuando ocurrió algo similar. Pero el período corriente es extremo porque la desigualdad proviene de los superricos. Literalmente, una décima parte de un porcentaje es superrica. Esto no es solamente extremadamente injusto, sino que representa un acontecimiento con efectos corrosivos sobre la democracia y sobre la visión de una sociedad decente.

**¿Y qué significado tiene esto en lo que se refiere al sueño americano? ¿Se puede decir que ha muerto?**

Con el «sueño americano», de lo que se trataba era de movilidad de clase. Si habías nacido pobre podías salir de la pobreza trabajando duro para así proporcionarles un mejor futuro a tus hijos. Algunos trabajadores tenían la posibilidad de encontrar un trabajo con un salario decente, o comprar una casa, o un coche, y pagar por la educación del hijo. Todo esto se ha venido abajo, y cuando era parcialmente real no hubiéramos debido hacernos demasiadas ilusiones. La movilidad social de hoy en Estados Unidos está por debajo de la de otras sociedades ricas.

**Entonces, ¿Estados Unidos es solamente una democracia sobre el papel?**

Estados Unidos se declara una democracia, pero se ha convertido claramente en algo parecido a una plutocracia, aunque sigue siendo una sociedad abierta y libre si hablamos en términos comparativos. Pero tenemos que ser claros en cuanto a lo que implica la democracia. En una democracia, el pueblo tiene influencia sobre la política y luego el gobierno lleva a cabo acciones determinadas por el pueblo. La mayor parte de las veces, el Gobierno estadounidense lleva a cabo acciones que benefician intereses empresariales y financieros. También es interesante entender que a los sectores privilegiados y poderosos de la sociedad la democracia no les ha gustado nunca, y sus razones tendrán para ello. La democracia pone el poder en manos de la población y lo extrae de ella. De hecho, las clases privilegiadas y poderosas de este país siempre han querido encontrar maneras de limitar la circunstancia de que el poder se ponga en manos de la población general. Lo hacen ahora y lo han hecho antes.

**La concentración de riqueza da lugar a la concentración de poder. Creo que es un hecho innegable. Y dado que el capitalismo siempre acaba llevando a la concentración de riqueza, ¿no podría inferirse que el capitalismo es antitético a la democracia?**

La concentración de riqueza lleva naturalmente a la concentración de poder, que a su vez traslada a la legislación el favorecimiento de los intereses de los ricos y poderosos, con lo que se incrementa todavía más la concentración de poder y riqueza. Diversas medidas políticas, como la política fiscal, la desregulación y las reglas para la administración empresarial, están diseñadas para incrementar la concentración de riqueza y poder. Y esto es lo que hemos estado viendo durante la era neoliberal. Es un círculo vicioso en constante evolución. El papel del Estado es proveer seguridad y apoyo a los intereses de los sectores privilegiados y poderosos de la sociedad, mientras que al resto de la población se la abandona para que experimente la realidad brutal del capitalismo. Socialismo para los ricos, capitalismo para los pobres.

De modo que sí, en este sentido el capitalismo realmente trabaja para minar la democracia. Pero lo que acabamos de describir —esto es, el círculo vicioso de la concentración del poder y de la riqueza— es tan tradicional que incluso Adam Smith lo describe en 1776. En su famoso *La riqueza de las naciones*, afirma que, en Inglaterra, las personas que pertenecen a la alta sociedad, en su día los mercaderes y manufactureros, son «los principales arquitectos de la política». Y se aseguran de que se vela al máximo por sus intereses, por gravoso que resulte el impacto de las políticas que propugnan e implementan sobre el pueblo de Inglaterra o sobre otros.

En estos momentos, los dueños de la alta sociedad no son los mercaderes y manufactureros, sino las instituciones financieras y las corporaciones multinacionales. Hoy en día son los grupos a los que Adam Smith llamó «los amos de la humanidad». Y siguen la misma vil máxima que él había formulado: «Todo para nosotros y nada para el resto.» Implantarán políticas que los beneficien y que perjudiquen a todos los demás, porque los intereses capitalistas dictan que lo hagan así. Es la naturaleza del sistema. Y en ausencia de una reacción general y popular, eso será, poco más o menos, todo lo que podrás conseguir.

**Volvamos al tema del sueño americano: háblenos de los orígenes del sistema político americano. Me refiero a que nunca se previó que fuera una democracia (en realidad, el término que siempre se utilizó para describir la arquitectura del sistema político americano fue «república», lo que es muy diferente a «democracia», tal como los antiguos romanos entendieron muy bien) y siempre se ha dado una batalla por la libertad y la democracia desde abajo, una lucha que continúa hasta hoy. En este sentido, ¿no podría decirse que el sueño americano se basó, al menos en parte, en un mito?**

Está claro que sí. A lo largo de toda la historia de Estados Unidos ha habido un enfrentamiento entre la presión para una mayor libertad y democracia, que viene de abajo, y los esfuerzos por el control de la élite y la dominación, que vienen desde arriba. Tal como usted decía, esto se remonta a la fundación del país. Los «padres fundadores», incluso James Madison, su principal constructor, quien fue tan creyente en la democracia como cualquier otra figura política importante de esos días, sentía que el sistema político de Estados Unidos tenía que estar en manos de los ricos, porque los ricos son el «tipo de hombre más responsable». De este modo, la estructura del sistema constitucional formal ponía más poder en manos del Senado, que en esos días no se elegía. Lo formaba una selección de entre los hombres ricos que, como explicaba Madison, tenía simpatía por los poseedores de riqueza y de propiedad privada.

Es algo que resulta muy claro cuando lees los debates de la convención constitucional. Tal como dijo Madison, en el orden político una preocupación principal tiene que ser «proteger a la minoría de los opulentos contra la mayoría». Y tenía argumentos para ello. Si todo el mundo dispusiera de un voto libre, decía, la mayoría de los pobres se uniría y se organizaría para arrebatar la propiedad a los ricos. Eso, añadía, sería obviamente injusto, de modo que el sistema constitucional tenía que estar preparado para evitar la democracia.

Hay que recordar que también Aristóteles se expresaba de manera similar en su *Política*. De todos los sistemas políticos, creía que la democracia era el mejor. Pero planteaba para él un problema como el que Madison veía en la democracia verdadera: que los pobres podían organizarse para arrebatar la propiedad a los ricos. La solución que proponía, de todos modos, era algo similar a un Estado del bienestar destinado a reducir la desigualdad económica. La otra alternativa, elegida por los «padres fundadores», era reducir la democracia.

En cuanto al llamado «sueño americano», siempre se basó en parte en un mito y en parte en la realidad. Desde inicios del siglo XIX en adelante, y hasta una época bastante reciente, la clase obrera, y entre ella los inmigrantes, tenía expectativas de que su vida pudiera mejorar en la sociedad estadounidense por medio del trabajo duro. Y era cierto, aunque para la mayoría de la población afroamericana y para las mujeres no fuera así hasta mucho más tarde. Pero ya no parece que sea el caso. Los salarios estancados, las condiciones de vida cada vez peores, los ultrajantes niveles de endeudamiento de los estudiantes y los trabajos pagados decentemente tan difíciles de encontrar han creado un sentimiento de desesperanza entre muchos estadounidenses, que empiezan a mirar con cierta nostalgia hacia el pasado. Esto explica en gran medida el aumento de partidarios de Donald Trump y la popularidad entre los jóvenes del mensaje político de alguien como Bernie Sanders.

**Tras la Segunda Guerra Mundial, y de hecho hasta mediados de la década de 1970, se dio un movimiento en Estados Unidos en la dirección de una sociedad más igualitaria y hacia una libertad mayor, a pesar de haber una gran resistencia y opresión por parte de la élite y de varias agencias gubernamentales. ¿Qué pasó después para que se retrocediera en el progreso económico de la era de la posguerra y se creara un nuevo orden socioeconómico que ha acabado identificándose como el del neoliberalismo?**

Empezando en 1970, en parte con motivo de la crisis económica que surgió en los primeros años de esa década y el declive de la tasa de beneficio, pero también en parte por la visión de que la democracia se había extendido demasiado, una ofensiva de negocios coordinada enorme empezó a hacer retroceder los esfuerzos igualitarios de la era posbélica, que con el tiempo se fueron intensificando. La misma economía se desvió hacia la financiación. Las instituciones financieras se expandieron enormemente. Para 2007, justo antes del derrumbamiento sobre el que tenían una considerable responsabilidad, las instituciones financieras registraron un sorprendente 40 por ciento de beneficio empresarial. Se aceleró un ciclo vicioso entre capital concentrado y política, mientras que cada vez más riqueza se concentraba en el sector financiero. Los políticos, enfrentados al coste cada vez mayor de las campañas, se vieron arrastrados incluso más profundamente a los bolsillos de los patrocinadores ricos. Y los políticos los recompensaron con el apoyo de políticas favorables a Wall Street y a otros poderosos intereses de negocio. A lo largo de este período, tuvimos una forma de lucha de clases nueva, dirigida por la clase de los negocios contra la clase trabajadora y los pobres, junto con un ataque consciente para hacer retroceder los logros de las décadas precedentes.

**Ahora que Trump es el presidente electo, ¿la revolución política de Bernie Sanders ha concluido?**

Eso tendremos que determinarlo nosotros y quienes nos acompañan. La «revolución política» de Sanders ha sido un fenómeno remarcable. Me sorprendió gratamente. Pero también debemos recordar que el término «revolución» es de algún modo engañoso. Sanders es un *New Dealer* honesto y comprometido. El hecho de que lo consideren «radical» nos indica hasta qué punto el espectro político de la élite se ha vuelto hacia la derecha durante el período neoliberal. Se han producido brotes esperanzadores en la movilización por Sanders, como el movimiento Brand New Congress y varios más.

Podrían, y deberían, producirse esfuerzos para desarrollar un partido independiente de izquierdas, uno que no solamente se mostrara cada cuatro años, sino que trabajara constantemente desde la raíz, tanto en un nivel electoral (desde los consejos escolares y las reuniones cívicas hasta los órganos legislativos de los estados, y para arriba) como de todas las demás maneras que puedan emprenderse. Las oportunidades son muchas, y los desafíos, sustanciales, particularmente cuando volvemos la atención a las dos sombras enormes que se ciernen sobre la totalidad: la guerra nuclear y el desastre medioambiental. Ambas son tan inquietantes que por fuerza tenemos que hacer algo, enseguida.

# El sistema de salud pública estadounidense es un escándalo internacional, y con el rechazo de la Ley de Atención Asequible, todavía más*

**C. J. POLYCHRONIOU: Trump y los republicanos están empeñados en deshacerse del Obamacare. La Ley de Atención Asequible (ACA por sus siglas en inglés), ¿no es un progreso respecto a lo que existía antes? ¿Cómo podrían reemplazarla los republicanos?**

NOAM CHOMSKY: Tal vez debería empezar diciendo, de entrada, que siempre me he sentido algo incómodo con el término «Obamacare». ¿Alguien llama «Johnsoncare» al Medicare? Tal vez me equivoque, pero me parecía que esa denominación tenía un sesgo de vulgar desprecio republicano, incluso de racismo. Pero bien, dejemos esto a un lado. Sí, la ACA es una mejora definitiva sobre lo que había pasado antes... Lo que no es un gran cumplido. El sistema de salud pública estadounidense ya ha sido desde hace mucho tiempo un escándalo internacional, con unos gastos per cápita que doblan los de otros países ricos (OCDE) y con resultados más bien pobres. La ACA, sin embargo, introdujo mejoras, entre ellas el seguro para decenas de millones de personas que carecían de él, la prohibición del re-

* Publicado originalmente en *Truthout*, 12 de enero de 2017.

chazo de las aseguradoras para personas con incapacidades, y otras. Por otra parte, parece que ha conducido a una reducción en el aumento de los costes sanitarios, aunque resulta difícil determinarlo con precisión.

La Cámara de Representantes, dominada por los republicanos (con una minoría de votantes), ha votado más de cincuenta veces en los pasados seis años para rechazar el Obamacare o para debilitarlo, pero siguen sin presentar nada parecido a una alternativa coherente. Eso no debería sorprendernos. Desde la elección de Obama, los republicanos han sido sobre todo el partido del «no». Lo más probable es que ahora adopten una actitud cínica, al estilo de Paul Ryan, derogación y dilación, para fingir que hacen honor a sus fervientes promesas, mientras evitan, al menos por un tiempo, las consecuencias de un posible mayor colapso del sistema sanitario y el incremento de los costes. No es fácil decirlo. Lo previsible sería que pergeñaran algún plan, o que la tan apasionada ultraderecha del Freedom Caucus en el Congreso insistiera en una derogación inmediata, sin ningún otro plan, sin que les importaran las consecuencias para el presupuesto ni, por supuesto, para la gente.

Una parte del sistema sanitario que parece que va a sufrir es la de Medicaid, probablemente a través de las subvenciones globales a los estados, lo que daría a los administrados por los republicanos la oportunidad de destriparlo. Medicaid solamente ayuda a gente pobre que «no cuenta» y que de todos modos no vota republicano. Así que, según la lógica republicana, ¿por qué iban los ricos a pagar los impuestos para mantenerlo?

**El artículo 25 de la Declaración Universal de los Derechos Humanos establece que el derecho a la asistencia médica es realmente un derecho humano. Sin embargo, se estima que cerca de 30 millones de estadounidenses siguen sin disponer de un seguro incluso con la instauración de la ACA. ¿Cuáles son los factores clave desde el punto de vista cultural, económico y político que hacen de Estados Unidos un país atípico en cuanto a la provisión de asistencia médica?**

Primero, es importante recordar que Estados Unidos no acepta la Declaración Universal de Derechos Humanos, por mucho que fuera en gran parte una iniciativa de Eleanor Roosevelt, que presidía la comisión que redactó los artículos, con una participación internacional muy amplia.

La Declaración tiene tres componentes de un estatus igual: derechos civicopolíticos, derechos socioeconómicos y derechos culturales. Estados Unidos formalmente acepta el primero de los tres componentes, aunque a menudo ha violado sus provisiones. Estados Unidos incumple claramente el tercero. Y lo que nos importa en este caso: Estados Unidos ha condenado oficialmente y con determinación el segundo componente, el de los derechos socioeconómicos, Artículo 25 incluido.

La oposición al Artículo 25 fue particularmente vehemente en los años de Reagan y de Bush I. Paula Dobriansky, vicesecretaria adjunta de Estado para los derechos humanos y asuntos humanitarios en estas administraciones, rechazaba el «mito» de que los «derechos económicos y sociales constituyan derechos humanos», tal como proclama la Declaración. Le seguía la pista a la embajadora en las Naciones Unidas de Reagan, Jeane Kirkpatrick, quien ridiculizó el mito como «poco más que un recipiente vacío en el que pueden verterse esperanzas vanas y expectativas incipientes». Kirkpatrick se unía así al embajador soviético Andrei Visinski, quien se mostró de acuerdo en que no era más que «una colección de frases pías». Los conceptos del Artículo 25 son «absurdos» e incluso constituyen una «incitación peligrosa», según el embajador Morris Abram, el distinguido abogado de derechos civiles que fue el representante de Estados Unidos en la Comisión sobre Derechos Humanos de las Naciones Unidas bajo Bush I, responsable del único veto a la Declaración del derecho al desarrollo de las Naciones Unidas, que claramente parafraseaba el Artículo 25 de la Declaración Universal. La administración de Bush II mantuvo la tradición de votar a solas para rechazar una resolución de la ONU sobre el derecho a la alimentación y sobre el derecho al más alto nivel posible de salud mental y física (la resolución se aprobó por 52 votos contra 1).

El rechazo del Artículo 25, por tanto, es una cuestión de principios. Y también una cuestión práctica. En el ranquin de la OCDE sobre justicia social, estados Unidos está en el puesto vigésimo séptimo de un total de treinta y un países, justo por encima de Grecia, Chile, México y Turquía.[12] Esto es algo que ocurre en el país más rico de la historia del mundo, con ventajas incomparables. Probablemente ya fuera la región más rica del mundo en el siglo XVIII.

Para atenuar esta alianza entre Reagan, Bush y Visinski, debemos reconocer que el apoyo formal de la Declaración Universal demasiado a menudo está aislado de su práctica.

El desprecio en cuanto a los principios y a la práctica de la Declaración Universal de Derechos Humanos por parte de Estados Unidos se extiende a otras áreas. Pensemos por ejemplo en los derechos laborales. Estados Unidos no ha ratificado el principio de la Convención de la Organización Internacional del Trabajo, que habla de «libertad de asociación y preservación del derecho a organizarse». Un comentario editorial en el *American Journal of International Law* se refiere a esta provisión de la Convención de la OIT como «el tratado intocable de la política estadounidense». El rechazo de EE. UU. se observa con tanto fervor, continúa diciendo el informe, que ni siquiera se ha producido nunca ningún debate sobre el asunto. El rechazo de la Convención de la OIT contrasta grandemente con el fervor de la dedicación por parte de Washington a los elementos altamente proteccionistas de los mal llamados «acuerdos de libre comercio» diseñados para garantizar los derechos de precios monopolísticos para las empresas («derechos de propiedad intelectual») por motivos espurios. En general, sería más apropiado denominarlos «acuerdos de derechos para el inversor».

La comparación de la actitud hacia derechos elementales del trabajo con la mostrada hacia derechos extraordinarios del poder privado resulta reveladora sobre la sociedad estadounidense.

Es más: la historia del movimiento obrero en Estados Unidos es inusualmente violenta. Centenares de trabajadores estadounidenses fueron asesinados por fuerzas de seguridad privadas y estatales en acciones de huelga, algo desconocido en países similares. En su historia del movimiento obrero estadounidense, Patricia Sexton (tras resaltar la inexistencia de estudios serios sobre el tema) informa de que murieron unos setecientos huelguistas y que miles resultaron heridos desde 1877 hasta 1968, un número, según concluye, que podría «ser un pálido reflejo de las víctimas totales». En comparación, por ejemplo, un solo huelguista ha muerto en el Reino Unido desde 1911.

Al tiempo que las luchas por la libertad obtenían victorias y los métodos violentos se hacían menos asequibles, los empresarios se inclinaron por medidas más suaves, como los «métodos científicos de rompimiento de huelgas», que se han convertido en una industria puntera. De manera similar, el derrocamiento de gobiernos reformistas por medio de la violencia, que antes era algo rutinario, se ha sustituido por los «golpes suaves», como el que recientemente ha tenido lugar en Brasil, aunque el método antiguo sigue empleándose cuando es factible, como el apoyo de Obama en el golpe militar de Honduras en 2009, en un aislamiento casi total. La clase trabajadora sigue siendo relativamente débil en Estados Unidos si se la compara con la de sociedades similares. Está en lucha constante incluso para sobrevivir como una fuerza significativa y organizada en la sociedad, y se ha visto atacada con una fuerza particularmente inusitada desde los años Reagan.

Todo esto forma parte de los antecedentes para la distanciación de la asistencia sanitaria estadounidense respecto a la norma en la OCDE e incluso en sociedades menos privilegiadas. Pero hay otras razones que explican por qué Estados Unidos es tan atípico en asistencia sanitaria y en justicia social en general. Es algo que se remonta a las características inusuales de la historia estadounidense. A diferencia de otras democracias de países capitalistas industriales desarrollados, la economía política y la estructura social de Estados Unidos se desarrolló de algún modo sobre una tabula rasa. La expulsión o la matanza masiva de las naciones indígenas despejó el camino para los colonos invasores, que disponían de recursos enormes y de amplios y fértiles campos, así como de una seguridad extraordinaria por razones geográficas y de poder. Eso llevó a la creación de una sociedad de granjeros individuales y también, gracias al esclavismo, a un control sustancial del producto que propulsó la revolución industrial: el algodón, fundamento de la manufactura, de las operaciones bancarias, del comercio, del comercio minorista tanto para Estados Unidos como para el Reino Unido y, en menor medida, para otras sociedades europeas. También resulta relevante que el país haya permanecido en guerra durante quinientos años y casi sin respiro, una historia que ha creado «la nación más rica, más poderosa y a la larga más militarizada de la historia del mundo», tal como ha documentado Walter Hixson.[13]

Por razones similares, la sociedad americana carecía de la estratificación social y de la estructura política autocrática de Europa, y de las diversas medidas de apoyo social que se desarrollaban de manera desigual y erráticamente. Desde el principio se ha dado una amplia intervención del Estado en la economía —dramática en años recientes—, pero sin sistemas de apoyo general.

Como resultado, la sociedad estadounidense está dominada por los negocios, con una comunidad empresarial de alta conciencia de clase y dedicada a la «eterna batalla por las mentes de los hombres». El tejido empresarial también tiene el cometido de contener o demoler el «poder político de las masas», que estima como un «peligro para los industrialistas» (para extraer muestras de parte de la retórica de la prensa empresarial durante los años del *New Deal*, cuando la amenaza al dominio abrumador del poder empresarial parecía real).

**Esta es otra anomalía respecto a la asistencia médica americana: según datos de la Organización para la Cooperación Económica y el Desarrollo (OCDE), Estados Unidos gasta mucho más en asistencia sanitaria que muchas otras naciones avanzadas, aunque los resultados en cuanto a salud sean pobres y las enfermedades crónicas perjudiquen en mayor**

**medida a los estadounidenses que a los ciudadanos de otros países avanzados. ¿A qué se debe esto?**

Se calcula que los costos de la asistencia médica en Estados Unidos son del doble, aproximadamente, que la media de los países de la OCDE, con resultados más bien pobres según los estándares comparativos. La mortalidad infantil, por ejemplo, es mayor en Estados Unidos que en Cuba, Grecia y la Unión Europea en general, según los datos de la CIA.

En cuanto a las razones, podemos volver a la cuestión comparativa más general en lo que respecta a la justicia social, pero también hay razones especiales en el terreno de la asistencia sanitaria. El sistema de salud estadounidense está privatizado y carece de regulación hasta límites inusuales. Las compañías aseguradoras están en el negocio de hacer dinero, no de proporcionar cuidados sanitarios, y cuando se hacen cargo de esta última misión, lo más probable es que no sea por el interés del paciente o por la eficiencia. Los costos administrativos son mucho mayores en el componente privado del sistema de atención médica que en Medicare, que es el primero en sufrir por tener que trabajar a través del sistema privado.

Las comparaciones revelan una burocracia mucho mayor y unos costos administrativos más altos en el sistema privatizado de EE. UU. que en los demás países. Un estudio de Estados Unidos y Canadá de hace una década, realizado por el investigador médico Steffie Woolhandler, encontró enormes disparidades y concluía: «Reducir los costos administrativos de Estados Unidos a los niveles de Canadá ahorraría al menos 209 mil millones al año, lo suficiente para financiar la cobertura universal.» Otra característica anómala del sistema estadounidense es la ley que prohíbe al Gobierno negociar los precios de los medicamentos, lo que lleva a tener precios muy hinchados si los comparamos con otros países. Este efecto se magnifica considerablemente por los derechos de patente extremos otorgados a la industria farmacéutica en «acuerdos de comercio» que permiten beneficios monopolísticos. En un sistema dirigido al beneficio también hay incentivos para tratamientos caros en lugar de atención preventiva, como la de Cuba, sorprendentemente, con una atención médica eficiente y efectiva.

**¿Por qué los estadounidenses no piden —en lugar de simplemente expresar una preferencia en encuestas de opinión— acceso a un sistema de atención médica universal?**

Realmente están expresando una preferencia, desde hace ya mucho tiempo. Tan solo para dar una ilustración, en los últimos años Reagan el 70 por ciento de la población adulta pensaba que la atención médica tenía que estar garantizada por la Constitución, mientras que el 40 por ciento pensaba que ya figuraba en la Constitución, puesto que era un derecho obviamente legítimo. Los resultados de los sondeos dependen de la redacción y de los matices, pero a lo largo de los años han ido demostrando con consistencia un apoyo mayoritario para la asistencia sanitaria universal, a menudo llamada «de estilo canadiense», no porque Canadá necesariamente tenga el mejor sistema, sino porque está cerca y es observable. Las primeras propuestas de la ACA reclamaban una «opción pública». La apoyaban casi dos tercios de la población, pero se la dejó caer sin una consideración seria, presumiblemente como parte de un acuerdo con instituciones financieras. A la barrera legislativa para la negociación gubernamental de los precios de los medicamentos se opuso un 85 por ciento, y tampoco se tuvo en cuenta: una vez más, presumiblemente, para evitar la oposición de los gigantes farmacéuticos. La preferencia por la asistencia sanitaria universal es particularmente remarcable si pensamos que casi no existe ningún apoyo ni promoción en fuentes que lleguen al público general, ni virtualmente se trata el tema en el dominio público.

Los hechos sobre el soporte público para la atención sanitaria universal se comentan a veces de una forma interesante. Cuando el demócrata John Kerry era candidato a la presidencia en 2004, el *New York Times* decía que «se esforzó [...] para decir que su plan para ampliar el acceso a la atención médica no crearía un nuevo programa de Gobierno», porque «el apoyo político para la intervención gubernativa en el mercado de la atención médica en Estados Unidos es escasísimo». Al mismo tiempo, los sondeos en el *Wall Street Journal*, *Businessweek*, el *Washington Post* y otros medios comprobaban el apoyo del público a las garantías del Gobierno para que todos accedieran a «la atención médica mejor y más avanzada que la tecnología pueda ofrecer».

Pero eso es solamente apoyo público. La prensa informaba correctamente de que el «apoyo político» era escaso y de que lo que el público deseaba era «políticamente imposible»: una manera educada de decir que las industrias financieras y farmacéuticas no lo tolerarían, y en la democracia americana esto es lo que cuenta.

Para volver a la pregunta, eso plantea un interrogante sobre la democracia americana: ¿por qué la población no «pide» lo que tan acentuadamente prefiere? ¿Por qué permite que el capital privado concentrado mine las necesidades de vida por los intereses del beneficio y del poder? No se puede decir de esas peticiones que sean utópicas, desde el momento en que en muchos otros lugares se satisfacen, incluso en sectores del sistema de EE. UU. Más aún: las peticiones podrían implementarse fácilmente, sin perturbaciones legislativas siquiera. Por ejemplo, reduciendo progresivamente la edad de entrada en Medicare.

La cuestión nos hace pensar en un profundo déficit democrático en una sociedad atomizada, carente de las asociaciones populares y organizaciones que faciliten la participación del público de una manera significativa para determinar el curso de asuntos políticos, sociales y económicos. Esto podría incluir la participación del movimiento obrero y que partidos políticos reales crezcan a partir de la deliberación y de la participación en lugar de los grupos dirigidos por la élite para la producción de candidatos que se hacen pasar por partidos políticos. Lo otro es una sociedad despolitizada en la que una mayoría de votantes (apenas la mitad de la población en las estridentes elecciones presidenciales, mucho menos en otras) se ve literalmente desfavorecida, ya que sus representantes descartan sus preferencias mientras que la toma de decisiones realmente efectivas queda en manos de pequeñas concentraciones de riqueza y de poder empresarial, como revela un estudio tras otro.

La situación actual nos recuerda las palabras de John Dewey, el filósofo social americano del siglo XX, gran parte de cuyo trabajo se concentraba en la democracia y sus fracasos y esperanzas. Dewey deploraba la dominación por parte del «negocio para el beneficio privado a través del control privado de la banca, la tierra, la industria, reforzado por el dominio de la prensa, agentes de prensa y otros medios de publicidad y propaganda» y reconocía que «el poder hoy reside en el control de los medios de producción, intercambio, publicidad, transporte y comunicación. Quien los posea dirige la vida del país», incluso si permanecen las formas democráticas. Hasta que estas instituciones estén en manos del público, continuaba, la política seguirá siendo «la sombra puesta sobre la sociedad por el gran negocio».

Y esta no era la voz de la marginalizada extrema izquierda, sino la del pensamiento liberal en su versión más corriente.

Volviendo otra vez a su pregunta, una respuesta bastante general, que se aplica a su manera específica a las democracias contemporáneas occidentales, nos la proporcionó David Hume hace más de 250 años, en su estudio clásico *De los primeros principios del gobierno*. Hume decía:

> Nada parece más sorprendente a quienes consideran los asuntos humanos con una mirada filosófica que la facilidad con la que la mayoría está gobernada por la minoría, y la sumisión implícita con la que los hombres subordinan sus sentimientos y sus pasiones a las de sus jefes. Cuando buscamos por qué medios se efectúa este milagro, encontramos que, como la fuerza está siempre del lado de los gobernados, los gobernantes nunca tienen otro apoyo que la opinión. En consecuencia, es en la opinión solamente en la que todo gobierno descansa, y esta máxima se extiende a los más despóticos y a los más militares como a los más populares y a los más libres.

La sumisión implícita no la imponen las leyes de la naturaleza ni la teoría política. Es una opción, al menos en sociedades como la nuestra, que goza del legado proporcionado por las luchas de los que vinieron antes de nosotros. Aquí el poder está realmente «del lado de los gobernados», si se organizan y actúan para obtenerlo y para ejercerlo. Esto vale tanto para la atención sanitaria como para mucho más.

# Los peligros de una educación regida por el mercado*

**C. J. POLYCHRONIOU: Por lo menos desde la Ilustración, la educación se ha concebido como una de las escasas oportunidades para la humanidad contra la ignorancia y para crear un mundo mejor. ¿Cuáles son las conexiones reales entre democracia y educación, o esos vínculos se basan sobre todo en un mito, tal como decía Neil Postman en *El fin de la educación*?**

NOAM CHOMSKY: No creo que haya una respuesta única. En este aspecto, las circunstancias actuales de la educación tienen tanto elementos positivos como negativos. Un público educado es sin duda un prerrequisito para que una democracia funcione, en la que «educado» signifique no solamente informado, sino capaz de inquirir de manera libre y productiva, lo que constituye el fin principal de la educación. En el momento presente este objetivo se favorece en ocasiones, y en otras se entorpece, e inclinar la balanza en el sentido adecuado es una tarea importante, sobre todo en Estados Unidos, en parte por su poder único, y en parte porque en algunos aspectos difiere de otras sociedades desarrolladas.

* En coautoría con Lily Sage; publicado originalmente en *Truthout*, 22 de octubre de 2016.

Es importante recordar que, aunque fuera el país más rico del mundo, hasta la Segunda Guerra Mundial Estados Unidos era, desde el punto de vista cultural, un lugar atrasado. Si uno quería estudiar ciencias o matemáticas avanzadas, o convertirse en un escritor, o en un artista, lo más habitual era sentirse atraído hacia Europa. Esto cambió con la Segunda Guerra Mundial por motivos obvios, pero solamente para parte de la población. Si queremos enfrentarnos a lo que probablemente sea el asunto más importante en la historia humana, cómo enfrentarnos al cambio climático, un impedimento es que en Estados Unidos el 40 por ciento de la población no ve que eso sea un problema, porque Cristo volverá una de estas décadas. Y esto es sintomático de muchas otras características premodernas de la sociedad y de la cultura.

**Gran parte de lo que prevalece en el mundo de hoy es la educación orientada al mercado, de manera que los valores públicos y la cultura de la democracia se ven minados por la prevalencia de la competición, la privatización y la búsqueda del beneficio. ¿Qué modelo de educación cree que es el más adecuado para un mundo en paz y mejor?**

En los primeros días del sistema educativo moderno había dos modelos que a veces se contraponían. La educación podía concebirse como una vasija en la que uno echa agua, y que es una vasija con muchas pérdidas, como todos sabemos. O se puede concebir como un hilo que el instructor tiende y a lo largo del cual los estudiantes se las arreglan como pueden, desarrollando las capacidades para «inquirir y crear», según el modelo defendido por Wilhelm van Humboldt, el fundador del sistema de la universidad moderna.

Las filosofías educacionales de John Dewey, Paulo Freire y otros defensores de la pedagogía progresiva y crítica pueden, a mi entender, contemplarse como desarrollos que se añaden a las concepciones de Humboldt. Esto es materia de estudio en universidades de investigación, porque es algo esencial para la enseñanza avanzada y para los investigadores, particularmente en las ciencias. Un famoso físico del MIT era muy conocido porque en las clases de los primeros cursos les decía a los alumnos que lo importante no era lo que cubríamos, sino lo que descubríamos.

Las mismas ideas se han desarrollado de una manera bastante imaginativa hasta el nivel del parvulario y resultan muy apropiadas en todos los ámbitos del sistema educacional, y por supuesto no solamente en las ciencias. Personalmente, tuve la suerte de ir a una escuela experimental de Deweyite hasta que cumplí los doce, y fue una experiencia muy valiosa, muy diferente de la escuela secundaria académica a la que fui, que tendía hacia el modelo «agua en una vasija», como hacen los programas que ahora están de moda, orientados hacia los exámenes. Los alternativos son los tipos de modelos que deberían fomentarse si es que hay alguna esperanza de que una población realmente educada, en todas las dimensiones del término, pueda enfrentarse a las cuestiones tan críticas que ahora mismo están en la agenda.

Las tendencias de esa educación impulsada por el mercado que menciona son por desgracia muy reales, y dañinas. En mi opinión hay que considerarlas como parte del asalto neoliberal a lo público. El modelo de su propio negocio busca la «eficiencia», lo que significa la imposición de la «flexibilidad laboral» y lo que Alan Greenspan catalogó como «una mayor inseguridad del trabajador» cuando predicaba la gran economía que él dirigía (antes de que se derrumbara). Eso se traduce en medidas como minar los compromisos a largo plazo con el profesorado y recurrir al trabajo temporal (adjuntos, estudiantes graduados), que resulta barato y fácilmente explotable. Las consecuencias son dañinas para la fuerza de trabajo, los estudiantes, y para la investigación, es decir, para todos los objetivos que la educación superior debería ambicionar.

A veces estos intentos de conducir el sistema de educación superior para ponerlo al servicio del sector privado toma formas que son casi cómicas. En el estado de Wisconsin, por ejemplo, el gobernador Scott Walker y otros reaccionarios han estado intentando minar lo que antes era la gran Universidad de Wisconsin, cambiándola por una institución al servicio de los intereses de la comunidad empresarial de Wisconsin, al tiempo que recortaban el presupuesto e incrementaban la dependencia en trabajadores temporales («flexibilidad»). En un momento determinado, el Gobierno de ese estado incluso quiso cambiar la misión tradicional de la universidad, y eliminar el propósito fundacional de «buscar la verdad», puesto que era una pérdida de tiempo para una institución que fabricaba personas que iban a ser útiles para los negocios de Wisconsin. El escándalo fue mayúsculo y llegó a la prensa, con lo que arguyeron un error de copia y retiraron la reforma.

Sin embargo, todo esto es ilustrativo de lo que está ocurriendo, no solamente en Estados Unidos, sino también en otros lugares. Stefan Collini, por ejemplo, al comentar estas tendencias en el Reino Unido, sacaba la conclusión de que el Gobierno conservador intenta convertir las universidades de primera clase en instituciones comerciales de tercera. Así, por ejemplo, el Departamento de Clásicas de la Universidad de Oxford tendrá que demostrar que puede venderse en el mercado. Si no hay demanda de mercado, ¿por qué iba la gente a estudiar e investigar la literatura griega clásica? Esto ya sería el no va más de la vulgarización y podría ser el resultado de la imposición de los principios capitalistas de las clases empresariales sobre toda la sociedad.

**¿Qué es necesario hacer para ofrecer un sistema de educación superior gratuito en Estados Unidos y, por extensión, para desviar financiación del complejo militar-industrial y del complejo carcelario-industrial a la educación? ¿Requeriría esto una crisis de identidad nacional sobre la parte del país históricamente más expansionista, intervencionista y racista?**

A mí no me parece que sea tan complicado. En años pasados, Estados Unidos no era menos expansionista, intervencionista y racista, pero sin embargo siempre figuraba a la cabeza para el desarrollo de una educación pública masiva. Y aunque los motivos a veces eran cínicos —convertir a los grajeros independientes en tuercas de la industria de producción masiva, lo que despertó en ellos un gran resentimiento—, estos desarrollos siempre venían acompañados de muchos aspectos positivos. En años más recientes, la educación superior fue virtualmente gratuita. Tras la Segunda Guerra Mundial, el GI Bill (ley para la educación de los veteranos) proporcionó formación e incluso subsidios a millones de personas que probablemente de otro modo nunca hubieran puesto los pies en un instituto, lo que resultó altamente beneficioso para ellos y contribuyó al gran período de crecimiento posterior a la guerra. Incluso en los institutos privados, las tasas eran muy bajas si se comparan con las que son estándar hoy en día. Y el país era entonces mucho más pobre que ahora. En otras partes del mundo la educación superior es gratuita o está cerca de serlo en países ricos como Alemania (el país más respetado del mundo, según las encuestas) y Finlandia (que siempre está entre los primeros en resultados) y en países mucho más pobres como México, que dispone de un sistema de educación superior de alta calidad. La educación superior gratuita podría instituirse sin mayores dificultades económicas o culturales, por lo visto. Lo mismo sería cierto a la hora de implementar un sistema de sanidad público como el de otros países comparables.

**Durante la era industrial, muchas personas pertenecientes a la clase obrera de todo el mundo capitalista se dedicaron al estudio de la política, la historia y la economía política a través de un proceso de educación informal como parte de su esfuerzo por entender y cambiar el mundo a través de la lucha de clases. Hoy la situación es muy diferente, con una gran porción de la clase obrera que parece haber abrazado el consumismo vacío y la indiferencia política, o lo que es peor, que a veces incluso apoya partidos políticos y candidatos que de hecho son incondicionales apoyos del capitalismo empresarial y financiero y que tienen en su agenda medidas antiobreras. ¿Cómo se explica este cambio radical en la conciencia de la clase obrera?**

El cambio es claro y resulta lamentable. Estos esfuerzos que menciona muchas veces tenían como base a los sindicatos y otras organizaciones de la clase obrera, con participación de intelectuales integrados en partidos de izquierda. Todos ellos fueron víctimas de la represión y de la propaganda durante la guerra fría y del conflicto fomentado por las clases empresariales contra la organización obrera y popular, particularmente durante el período neoliberal.

Merece la pena recordar los primeros años de la revolución industrial. La cultura de la clase obrera de ese tiempo estaba viva, florecía. Sobre este tema hay un gran libro de Jonathan Rose, *The Intellectual Life of the British Work Class*. Es un estudio monumental sobre los hábitos de lectura de la clase obrera de ese tiempo. Contrasta la «búsqueda apasionada del conocimiento por autodidactas proletarios» con el «filisteísmo dominante en la aristocracia británica». Algo muy parecido debía de ocurrir en las poblaciones de nueva clase obrera de Estados Unidos, como el este de Massachusetts, en donde un herrero irlandés podía contratar los servicios de un joven para que le leyera a los clásicos mientras trabajaba. Las chicas de las fábricas leían la mejor literatura del momento, lo que ahora también consideraríamos clásicos. Condenaban al sistema industrial porque las privaba de su libertad y de su cultura. Y esto continuó durante bastante tiempo.

Soy lo bastante viejo para recordar el ambiente de la década de 1930. Una gran parte de mi familia formaba parte de la clase obrera desempleada. Muchos apenas habían ido a la escuela. Pero participaban en la cultura del momento. Hablaban de las últimas obras de teatro, de los conciertos del Cuarteto de Cuerda de Budapest, de las diferentes versiones del psicoanálisis y de cualquier movimiento político concebible. El sistema de educación para los obreros también tenía una gran vitalidad, y grandes científicos y matemáticos se involucraban directamente. Gran parte de todo esto se ha perdido... Pero puede recuperarse y así no se habrá perdido para siempre.

# TERCERA PARTE

# Anarquismo, comunismo y revoluciones*

**C. J POLYCHRONIOU: Noam, desde finales del siglo XIX hasta mediados, o incluso finales, del siglo XX, el anarquismo y el comunismo representaron movimientos vitales y vivos en todo el mundo occidental y también en Latinoamérica y algunas partes de Asia y África. Sin embargo, el paisaje político e ideológico pareció cambiar radicalmente desde la primera parte de la década de 1980 hasta sus postrimerías, de tal manera que, si bien la resistencia al capitalismo sigue presente, está muy localizada y carece de una visión sobre estrategias para la fundación de un nuevo orden socioeconómico. ¿Por qué el anarquismo y el comunismo florecieron cuando lo hicieron, y cuáles son los factores clave de su transformación desde ideologías principales a sistemas de creencias marginalizados?**

**NOAM CHOMSKY:** Si lo miráramos más de cerca, creo que encontraríamos que hay movimientos vivos y vitales de democracia radical, a menudo con elementos y participaciones que provienen de ideas anarquistas y comunistas, durante períodos de agitación y turbulencia, cuando —por citar a Gramsci— lo viejo no acaba de morir y lo nuevo no acaba de nacer, pero sí

* Originalmente publicado en *Truthout*, 17 de julio de 2016.

que ofrece estimulantes perspectivas. De este modo, en Estados Unidos de finales del XIX, cuando el capitalismo industrial hacía que los granjeros independientes y los artesanos se convirtieran en proletariado industrial, lo que levantó una feroz resistencia, surgió un poderoso y militante movimiento obrero dedicado al principio «aquellos que trabajan en los molinos tienen que poseerlos», junto con un movimiento radical masivo que quería liberar a los granjeros de las garras de bancos y comerciantes. En la dramática época de la descolonización también se produjo un auge de movimientos radicales de muchos tipos, y hay muchos otros casos, entre ellos la década de 1960. Desde la de 1980 hemos vivido el período neoliberal de regresión y marginalización para gran parte de la población mundial, pero el viejo topo de Karl Marx permanece cerca de la superficie y aparece en lugares insospechados. La extensión de empresas cuyos trabajadores ostentan la titularidad puede que no sea anarquista ni comunista, pero lleva una carga de semillas de transformación radical de largo alcance, y no es un hecho aislado.

**El anarquismo y el comunismo comparten afinidades, pero también han sido enemigos mortales desde los tiempos de Marx y el anarquista ruso Mijaíl Bakunin. ¿Las diferencias son puramente estratégicas sobre la transición desde el capitalismo al socialismo, o también son un reflejo de perspectivas diferentes sobre la naturaleza humana y las relaciones económicas y sociales?**

La imagen que yo tengo es más matizada. Por tanto, el marxismo de izquierdas antibolchevique a menudo estaba cerca del anarcosindicalismo. Prominentes marxistas de izquierdas, como Karl Korsch, mostraron sus simpatías hacia la revolución anarquista española. El libro de Daniel Guérin *El anarquismo* limita con el marxismo de izquierdas. Durante su período de izquierda a mediados de 1917, los escritos de Lenin, sobre todo *Estado y revolución*, tenían un cierto matiz anarquista. Ciertamente, hubo conflictos sobre las tácticas y sobre asuntos mucho más fundamentales. La crítica del anarquismo por parte de

Engels es una clara ilustración. Marx tenía muy poco que decir sobre la sociedad poscapitalista, pero el impulso básico de su pensamiento sobre los objetivos a largo plazo parece muy compatible con las principales cepas del pensamiento y de la práctica anarquistas.

**Algunas tradiciones anarquistas, influenciadas por Bakunin, invocan a la violencia como medio para forzar el cambio social, mientras que otras, influenciadas por el anarquista ruso Peter Kropotkin, parecen contemplar la violencia como algo no solo políticamente inefectivo a la hora de asegurar un orden social justo, sino también moralmente indefendible. La tradición comunista también ha estado dividida sobre el uso de la violencia incluso en situaciones en las que las condiciones parecían muy favorables para las revoluciones. ¿Es posible que las revoluciones sociales tengan lugar sin violencia?**

No veo cómo puedo formular una respuesta general. Las luchas para superar el poder y los privilegios de clase plantean resistencia, seguro, y a veces por medio de la fuerza. Tal vez llegará un momento en que la violencia en defensa de los esfuerzos contundentes por mantener el poder estará garantizada. Seguro que es un último recurso.

**En sus escritos ha mantenido la opinión de que la Unión Soviética nunca fue un Estado socialista. ¿Acepta la visión de que fue «un Estado de los trabajadores deforme», o cree que era una forma de capitalismo de Estado?**

Los términos del discurso político no son modelos de precisión. En cuanto los sóviets y los comités de fábrica fueron eliminados —y eso ocurrió muy pronto—, apenas quedó rastro de un «Estado de los trabajadores». [Los comités de fábrica eran formas de organización política y económica en que el centro de trabajo se controlaba colectivamente por los trabajadores.] El sistema tenía trabajo asalariado y otras características del capitalismo, de manera que supongo que uno puede denominarlo como un tipo de capitalismo de Estado tiránico en algunos aspectos.

**En ciertos círculos comunistas se ha trazado una distinción entre leninismo y estalinismo, mientras que otros comunistas más ortodoxos han argüido que la Unión Soviética inició un abandono progresivo del socialismo con el ascenso de Nikita Jruschov al poder. ¿Podría comentar estos dos puntos de debate, con un énfasis especial en las diferencias mencionadas entre leninismo y estalinismo?**

Yo situaría el abandono del socialismo mucho antes, bajo Lenin y Trotski, por lo menos si por socialismo entendemos un mínimo control del pueblo trabajador sobre la producción. Las semillas del estalinismo ya estaban presentes en los primeros años del bolchevismo, y si por una parte son atribuibles a las exigencias de la guerra civil y a la invasión extranjera, por otra lo son a la ideología leninista. Bajo Stalin esto se convirtió en una monstruosidad.

**Enfrentados a los desafíos y amenazas (tanto internos como externos) posteriores a la toma del poder, ¿tenían los bolcheviques alguna otra opción aparte de centralizar el poder, crear un ejército y defender la Revolución de Octubre por todos los medios?**

En mi opinión sería más apropiado preguntar si los bolcheviques tenían alguna otra opción para defender su poder. Al adoptar los medios que escogieron, destruyeron los logros de la revolución popular. ¿Había alternativas? Yo creo que sí, pero la cuestión nos lleva a un terreno difícil. Posiblemente, por ejemplo, en lugar de ignorar las ideas de Marx en sus últimos años sobre el potencial revolucionario del campesinado ruso, hubieran podido apoyarlas y ofrecer a los campesinos organización y activismo en lugar de marginarlos (o algo peor). Y podían haber dado más fuerza a los sóviets y a los comités de fábrica. Pero en todo esto hay que considerar muchos aspectos, tanto factuales como especulativos. Podemos preguntarnos qué posibilidades había, por ejemplo, de crear un Ejército Rojo disciplinado y efectivo, o de escoger la guerrilla en lugar de las tácticas militares convencionales, o la guerra diplomática en lugar de la militar, y mucho más.

**¿Daría por buena la visión según la cual los campos de trabajo y los otros crímenes horribles que tuvieron lugar bajo el reinado de Stalin no habrían tenido lugar si Lenin o Trotski hubieran estado en el poder?**

Dudo mucho que Lenin o Trotski hubiesen cometido semejantes crímenes.

**¿Y qué me dice de la revolución maoísta? ¿Fue China en algún momento un Estado socialista?**

Eso que llamamos «revolución maoísta» fue un asunto complejo. En el marxismo chino hubo un elemento popular inicial muy fuerte, sobre el que ha reflexionado en su trabajo tan ilustrativo Maurice Meisner. El remarcable estudio *Fanshen*, de William Hinton, captura con viveza un momento de profundo cambio revolucionario, no solamente en prácticas sociales, sino también en la mentalidad y conciencia de los campesinos, con cuadros del partido sometiéndose al control popular, por lo que explica. Más tarde el sistema totalitario fue responsable de crímenes horrendos, sobre todo el «Gran Salto Adelante», con su enorme cifra de muertos, que alcanza las decenas de millones. A pesar de estos crímenes, tal como demuestran los economistas Amartya Sen y Jean Dreze, desde la independencia hasta 1979, cuando empezaron las reformas de Deng Xiaoping, los programas chinos de salud y desarrollo rural salvaron la vida de cien millones de personas en comparación con India en los mismos años. Si esto tiene que ver con el socialismo o no depende de cómo se interprete este término tan maltratado.

**¿Y Cuba bajo Castro?**

Al considerar los acontecimientos en Cuba desde que alcanzó la independencia con Castro en enero de 1959, uno no puede olvidar que, casi desde el primer momento, Cuba estaba amenazada con un violento ataque por parte del superpoder global. A finales de 1959, aviones con base en Florida bombardeaban Cuba. En marzo se tomó la decisión secreta de derrocar al Gobierno. La administración Kennedy llevó a cabo la invasión de la bahía de Cochinos. Cuando fracasó, en Washington cundió la histeria, y Kennedy lanzó una campaña para llevar «los terrores de la tierra» a Cuba, en palabras de su colaborador cercano, el historiador Arthur Schlesinger, en su biografía semioficial de Robert Kennedy, a quien colocaron a cargo de la operación como su prioridad máxima. No fue un asunto nimio, puesto que al final condujo a la crisis de los misiles, en lo que Schlesinger describió acertadamente como el momento más peligroso de la historia. Tras la crisis se reinició la guerra terrorista. Entretanto se impuso un embargo aplastante, que afectó gravemente a Cuba. Continúa hasta ahora, a pesar de la oposición de virtualmente todo el planeta.

Cuando concluyó la ayuda rusa, Clinton hizo que el embargo fuera todavía más duro, y unos años después empeoró todavía más con la ley Helms-Burton. Los efectos, naturalmente, han sido severos. Salim Lamrani los ha repasado en un estudio muy completo. Particularmente grave ha sido el impacto en el sistema de salud, privado de suministros médicos esenciales. A pesar del ataque, Cuba ha desarrollado un sistema de salud remarcable, y tiene un récord inigualado de internacionalismo médico, tanto por su papel crucial en la liberación del África negra como en el final del régimen del apartheid en Sudáfrica. También se han dado severas violaciones de los derechos humanos, aunque no se puedan comparar con las que vienen siendo la norma en los países de Sudamérica dominados por la política de seguridad nacional de Estados Unidos. Y, naturalmente, las peores violaciones de los derechos humanos en Cuba en los años recientes se dan en Guantánamo, una plaza que Estados Unidos obtuvo de Cuba a punta de cañón a principios del siglo XX y que no quiere retornar. En conjunto, una historia confusa y que no resulta fácil de evaluar, dadas las complejas circunstancias.

**En conjunto, ¿piensa que el derrumbamiento del llamado socialismo existente es un resultado positivo? Si es así, ¿por qué? ¿De qué manera este desarrollo puede ser beneficioso para la visión socialista?**

Cuando la Unión Soviética se derrumbó, escribí un artículo en el que describía los hechos como una pequeña victoria para el socialismo, no solamente por la caída de uno de los Estados más antisocialistas del mundo, en el que los trabajadores tenían menos derechos que en occidente, sino también porque liberaba el término «socialismo» de la carga de verse asociado en los sistemas propagandísticos del Este y del Oeste con la tiranía soviética. En el caso del Este, para beneficiarse del aura de auténtico socialismo, y en del Oeste para demonizar el concepto.

Mi argumento sobre lo que dio en llamarse «socialismo realmente existente» fue que el Estado soviético intentaba desde los inicios encauzar las energías de su propia población y del pueblo oprimido del resto del mundo al servicio de los hombres que se aprovecharon del fermento popular en Rusia en 1917 para hacerse con el poder.

Desde sus orígenes, el socialismo ha significado la liberación del pueblo trabajador de la explotación. Tal como observó el teórico marxista Anton Pannekoek, «este objetivo no se alcanza ni puede alcanzarse con una nueva clase dirigente y gobernante que se hace sustituta de la burguesía», sino que tienen que llevarlo a cabo «los mismos trabajadores al hacerse con el dominio de la producción». Este control sobre la producción por parte de los productores es la esencia del socialismo, y los medios para conseguir este objetivo se han diseñado regularmente en períodos de lucha revolucionaria, contra la férrea oposición de las clases dirigentes tradicionales y de los «intelectuales revolucionarios» guiados por los principios comunes del leninismo y del gerencialismo occidental, adaptándolos a las circunstancias cambiantes. Pero el elemento esencial del ideal socialista permanece: convertir los medios de producción en la propiedad de productores libremente asociados y por tanto en la propiedad social de personas que se han liberado de la explotación del amo, como un paso fundamental hacia un ámbito de libertad humana más amplio.

La intelectualidad leninista tenía un calendario diferente. Concuerdan con la descripción que Marx hacía de los «conspiradores» que «se adueñaban del proceso revolucionario en curso» y lo distorsionan para sus propósitos de dominación. «De ahí su tan profundo desdén hacia la ilustración más teórica de los trabajadores sobre sus intereses de clase», en la que se incluía el derrocamiento de la burocracia roja contra la que había advertido Bakunin, y la creación de mecanismos de control democrático sobre la producción y la vida social. Para un leninista, las masas tienen que ser estrictamente disciplinadas, mientras que un socialista luchará por conseguir un orden social en el que la disciplina «se convierta en superflua», dado que los productores libremente asociados «trabajan para su propio acuerdo» (Marx). El socialismo libertario, además, no limita sus objetivos al control democrático de los productores sobre la producción, sino que quiere abolir todas las formas de dominación y jerarquía en todos los aspectos de la vida social y personal: una lucha sin fin, ya que el progreso en el logro de una sociedad más justa llevará a nuevas ideas y a una nueva comprensión de las formas opresivas que puedan ocultarse en la práctica y en la conciencia tradicionales.

El antagonismo leninista de las características más esenciales del socialismo se hizo evidente desde el principio. En la Rusia revolucionaria, los sóviets y los comités de fábrica se desarrollaron como instrumentos de lucha y de liberación, con muchas carencias, pero también con un rico potencial. Lenin y Trotski, al asumir el poder, inmediatamente se dedicaron a destruir el potencial liberador de estos instrumentos y establecieron el dominio del Partido Comunista —de hecho, el de su Comité Central y el de sus líderes máximos—, exactamente como Trotski había predicho años antes, como Rosa Luxemburg y otros marxistas de izquierdas habían advertido en su momento, y como los anarquistas siempre habían sabido que ocurriría. No solamente las masas, sino también el partido tiene que estar sujeto al «control vigilante desde arriba», tal como lo veía Trotski en su transición de intelectual revolucionario a sacerdote del Estado. Antes de hacerse con el poder estatal, los líderes bolcheviques adaptaron gran parte de la retórica del pueblo que estaba comprometido en la lucha revolucionara desde abajo, pero sus compromisos verdaderos eran muy diferentes. Esto ya se había hecho evidente antes, y en cuanto asumieron el poder estatal en octubre de 1917 se hizo meridianamente claro.

Un historiador que simpatiza con los bolcheviques, E. H. Carr, escribe que «la inclinación espontánea de los trabajadores a la organización de comités de fábrica y a la administración de las factorías se vio fomentada inevitablemente por una revolución que *llevó a los trabajadores a creer* que la maquinaria productiva del país les pertenecía y podía ser operada por ellos según su propia voluntad y para su propio provecho» (el énfasis es mío). Para los trabajadores, como decía un delegado anarquista, «los comités de fábrica eran células del futuro... Ellos, no el Estado, eran quienes deberían administrar ahora».

Pero los sacerdotes del Estado sabían mejor qué hacer, y actuaron para destruir los comités de fábrica y para reducir los sóviets a órganos de su dominio. El 3 de noviembre, Lenin anunció en un «Proyecto de decreto sobre el control obrero» que los delegados elegidos para ejercer dicho control «responden ante el Estado del riguroso mantenimiento del orden, de la disciplina y de la protección de la propiedad». Al acabar el año, Lenin anotó: «hemos pasado del control obrero a la creación del Consejo Supremo de la Economía Nacional», que iba a «reemplazar, absorber y suplantar la maquinaria del control de los obreros» (Carr). «La idea misma del socialismo está personificada en el concepto del control obrero», se lamentaba un sindicalista menchevique. Los líderes bolcheviques se lamentaron de lo mismo, pero lo expresaron activamente, por medio de la demolición de la idea misma del socialismo.

# Estados Unidos, ¿preparado para el socialismo?*

**C. J. POLYCHRONIOU: Noam, el aumento de personas favorables a Donald Trump y a Bernie Sanders parece indicar que la sociedad estadounidense está en el momento presente en medio de un reajuste ideológico importante ocasionado por el deterioro de las condiciones de vida, el crecimiento explosivo de la desigualdad y muchas otras desgracias económicas y sociales a las que se enfrenta el país en esta «nueva época dorada». Según su opinión, y dadas las peculiaridades de la cultura política estadounidense, ¿hasta qué punto son significativas las elecciones presidenciales de 2016?**

**NOAM CHOMSKY:** Las elecciones son muy significativas, sea cual sea el resultado, porque revelan la creciente frustración y la rabia generadas por los programas neoliberales de la generación pasada. Aquí, como en todas partes, han tenido un duro impacto sobre la masa de la población al tiempo que han minado la función democrática y han enriquecido y potenciado a una pequeña minoría, sobre todo mediante industrias financieras que tienen un papel dudoso, cuando no dañino, en la economía. En Europa están teniendo lugar acontecimientos parecidos, por

* Originalmente publicado en *Truthout*, 18 de mayo de 2016.

razones semejantes. Las tendencias hasta ahora parecían claras, pero en estas elecciones, por primera vez, los aparatos de los partidos han perdido el control.

Por el lado republicano, en las primarias previas habían sido capaces de eliminar a los candidatos que surgían de la base y nominaban a su propio hombre. Pero esta vez no ha sido así y ese fracaso los tiene desesperados. En el lado demócrata, el desafío Sanders y el éxito que ha tenido se preveía tan poco como el triunfo de Trump, y refleja desencantos y preocupaciones similares, expresados de manera diversa, pero con algunos elementos comunes. Los simpatizantes de Trump incluyen gran parte de la clase obrera blanca. Es fácil comprender toda su rabia y frustración, lo mismo que los elementos en la retórica de Trump que puedan atraerlos. Pero están apostando por el caballo equivocado. Sus propuestas políticas —en la medida en que puedan ser coherentes— no solamente provocan una preocupación política, sino que además serían muy perjudiciales para ellos. Y no serían los únicos afectados.

**Bernie Sanders, siguiendo de algún modo los pasos del movimiento Ocupa Wall Street, ha tomado como temas de su campaña la desigualdad económica y los derechos sociales. ¿Seguirá esta tendencia tras las elecciones, o bien el impulso para las reformas se diluirá?**

Eso depende de nosotros. Más específicamente, depende de los que se han movilizado para esta campaña y del mismo Sanders. La energía y el compromiso podrían diluirse, como ocurrió con la Rainbow Coalition. O bien ese impulso podría convertirse en una fuerza continua y creciente que no está concentrada en artificios electorales, por mucho que se hayan utilizado como expresión de las inquietudes. En los meses próximos veremos cuál de las dos opciones gana.

**¿Bernie Sanders es tan solo un *New Dealer*, o tal vez un socialdemócrata europeo, o lo sitúa más a la izquierda?**

A mí me parece un *New Dealer* decente y honesto... Lo que

no es muy diferente de un socialdemócrata europeo... En realidad, ambos términos tienen un sentido muy amplio.

**En su opinión, el keynesianismo y la socialdemocracia, ¿son todavía aplicables en el entorno global actual, o simplemente son términos caducos?**

Creo que son términos todavía relevantes si queremos restaurar en algún sentido la cordura y la decencia en la vida social y económica... Pero no son suficientes. Tenemos que apuntar mucho más allá.

**La izquierda de Estados Unidos, ¿debería luchar por introducir reformas en la línea de las que Bernie Sanders ha formulado, o tiene que dedicarse a promocionar una versión más radical del cambio social y económico?**

No creo que tenga que plantearse como una opción, aunque naturalmente el énfasis que se ponga en una u otra posibilidad ya lo sea. Podemos ambicionarlas ambas y pueden reforzarse mutuamente. Hay que pensar por ejemplo en una venerable publicación anarquista como *Freedom*, fundada por el activista y filósofo ruso Peter Kropotkin. A menudo sus páginas están dedicadas a luchas sociales actuales que con un propósito reformista podrían mejorar la vida de las personas y crear la base para seguir adelante. Y estas inquietudes vienen dadas por objetivos a largo plazo que son mucho más radicales.

Al mismo tiempo que apoyamos las reformas y los esfuerzos para la protección y la extensión de los derechos, no hay motivo para no seguir el consejo del anarquista ruso Mijaíl Bakunin, según el cual hay que crear los gérmenes de una sociedad futura en el seno de esta, al mismo y exacto tiempo. Por ejemplo, podemos apoyar normas sanitarias y de seguridad en el puesto de trabajo capitalista mientras al mismo tiempo establecemos empresas cuya propiedad y administración es de la fuerza de trabajo. Por otra parte, incluso el apoyo a las medidas reformistas podría (y debería) destacar las raíces de los problemas en las instituciones existentes, con lo que se fomentaría la aceptación de que la defensa y la expansión de los derechos es tan solo un paso hacia la eliminación de esas raíces.

**Históricamente, uno de los retos más importantes del movimiento laborista en Estados Unidos es la ausencia de una organización nacional política de clase. ¿Cree que esto cambiará en breve plazo? Lo digo por la idea según la cual el socialismo empieza a enraizarse entre ciertos sectores de la sociedad estadounidense, particularmente entre los jóvenes.**

Se diría que la historia política de Estados Unidos es excepcional entre las sociedades estatales capitalistas desarrolladas. Los partidos políticos no se han basado en clases sociales en la medida en que esto ha ocurrido en otras partes del mundo. En gran parte han sido regionales, lo que es un residuo de una Guerra Civil que todavía no ha concluido. En las últimas elecciones, por ejemplo, los estados rojos (republicanos) recordaban de manera remarcable a la Confederación, con los nombres de los partidos intercambiados después de que el movimiento de derechos civiles abriera el camino para la «estrategia sureña» racista de Nixon. Los partidos, por otra parte, también se han basado en coaliciones negociadas para la ocasión, lo que desdibuja las líneas de clase posibles y deja a los dos partidos como facciones del partido de los negocios que está al mando, según la expresión familiar.

No hay indicios de que esto vaya a cambiar, y en el sistema estadounidense de mayoría simple y de grandes gastos de campaña, es muy difícil romper el bloqueo de los dos partidos políticos, que no son partidos con militancia o participativos, sino más bien productores de candidatos y entidades de financiación, con orientaciones normativas algo diferentes (aunque dentro de un margen bastante estrecho). Es bastante sorprendente, por ejemplo, ver cuán fácilmente el Partido Demócrata poco menos que abandona abiertamente a la clase obrera blanca, que así deriva hacia los brazos de sus más tenaces enemigos de clase, los líderes y la base política del Partido Republicano.

Sobre el tema del socialismo arraigándose entre los jóvenes, creo que deberíamos ser cautos. No está claro que «socialismo» en el contexto presente signifique algo diferente al capitalismo de estilo *New Deal* de Estado del bienestar... Aunque eso sería, de hecho, una evolución muy saludable en un contexto tan feo como el presente.

**¿Cómo deberíamos definir socialismo en el siglo XXI?**

Como ocurre con otros términos del discurso político, «socialismo» tiene una aplicación muy amplia y difusa. Cómo lo definamos depende de los valores y los objetivos que tengamos. Un buen inicio, que encaja en el contexto estadounidense, serían las recomendaciones del filósofo social más importante del país en el siglo XX, John Dewey, quien llamó a la democratización de todos los aspectos de la vida política, económica y social. Mantenía que los trabajadores tenían que ser los «dueños de su propia suerte industrial» y que «los medios de producción, intercambio, publicidad, transporte y comunicación» deberían estar bajo control público. De otro modo, la política seguiría siendo «la sombra puesta sobre la sociedad por el gran negocio» y la política social se vería dirigida por los intereses de los amos. Es un buen inicio. Y está profundamente arraigado en líneas significativas de la sociedad y de su historia compleja.

**Un problema al que la izquierda se enfrenta hoy es que, en cuanto llega al poder, tarda muy poco en capitular ante las fuerzas capitalistas y se sumerge en las prácticas de corrupción y en la lucha del poder por el poder y por las ganancias materiales. Lo hemos visto en Brasil, en Grecia, en Venezuela y en muchas partes. ¿Cómo lo explica?**

Esa ha sido una evolución muy triste. Las causas varían, pero los resultados son altamente destructivos. En Brasil, por ejemplo, el Partido del Trabajo tuvo oportunidades enormes y podía haber sido una fuerza transformadora del país y abrir el camino para todo el continente, dada su posición privilegiada. Lo cierto es que se alcanzaron algunos logros, pero las oportunidades se desperdiciaron cuando los líderes del partido se unieron al resto de la élite para hundirse en las profundidades de la corrupción.

**Estaba claro que Bernie Sanders no podía ganar la nominación demócrata, pero luchó por permanecer como candidato hasta la convención. ¿Cuál era su objetivo al obrar así?**

Supongo que tenía la misma intención que ya había expresado: desempeñar un papel significativo a la hora de formular la plataforma del partido en la convención. A mí no me parece que esto pueda tener demasiada importancia, puesto que las plataformas son en gran parte retóricas. Lo que podría resultar significativo es algo distinto: utilizar la oportunidad del entusiasmo electoral, ampliamente favorecido por la propaganda, para organizar un movimiento popular continuado y creciente, no supeditado al ciclo electoral, que se dedicará a propiciar cambios muy necesarios mediante la acción directa o por otros medios apropiados.

**Si el sueño americano ha muerto, tal como afirma Donald Trump, ¿por qué las encuestas siguen mostrando que la mayoría de los encuestados dicen creer e incluso vivir en el sueño americano? ¿Fue el sueño americano en algún momento una realidad, o fue solo un mito?**

El «sueño americano» era una historia muy confusa. Se remonta al siglo XIX, cuando personas libres podían obtener tierras y alcanzar otras oportunidades en una economía en expansión, gracias a la aniquilación de las naciones indígenas que poblaban el país y a la gran contribución para la economía de la forma más violenta de esclavismo que haya existido nunca.

En años posteriores el «sueño» tomó otras formas. Hasta que la inmigración europea se cortó abruptamente en 1924 para bloquear la afluencia de indeseables (sobre todo italianos y judíos), los inmigrantes podían tener la esperanza de labrarse su camino en una sociedad rica, con incomparables ventajas. En las décadas de 1950 y 1960, los años de gran crecimiento del capitalismo de Estado, la clase trabajadora —incluso los afroamericanos, en lo que era un momento raro en el pasado medio milenio de represión— podía aspirar a conseguir un trabajo sindicalizado y decentemente pagado con beneficios, comprar una casa y un coche y enviar a los hijos a la universidad. Este sueño acabó en gran parte con el cambio de la economía hacia la financiación y el neoliberalismo de la década de 1970 y se aceleró bajo Reagan. Pero no hay razón para suponer que el «sueño» tradicional, tal como era, se haya acabado, o que algo mucho mejor, mucho más humano y justo, esté fuera de nuestro alcance.

## ¿Por qué escojo optimismo en lugar de desaliento?*

**C. J. POLYCHRONIOU: Noam, en su libro *¿Qué clase de criaturas somos?* se reúnen su investigación en el campo del lenguaje y de la mente con puntos de vista que ha sostenido a lo largo de su vida sobre la sociedad y la política. Permítame que le pregunte, para empezar, si cree que el planteamiento biolingüístico del lenguaje que usted ha desarrollado en el curso de los pasados cincuenta años, más o menos, sigue abierto a la investigación y, si es así, qué tipo de cuestiones siguen requiriendo una respuesta en cuanto a la adquisición del lenguaje.**

**NOAM CHOMSKY:** No fui yo solo quien lo planteó, ni mucho menos. Fuimos unos cuantos, bastantes. Uno de los pioneros de verdad fue el difunto Eric Lenneberg, un amigo próximo de la década de 1950, cuando estas ideas empezaban a fermentar. Su libro *Fundamentos biológicos del lenguaje* es un clásico con todas las de la ley.

El programa está muy abierto a investigaciones futuras. Las preguntas sin contestar están ahí, en la frontera de la investigación. Son del tipo crucial para avanzar en lo que Tom Kuhn lla-

* Originalmente publicado en *Truthout*, 14 de febrero de 2016.

maba «ciencia normal». Y las cuestiones que quedan fuera de este ámbito inmediato son tradicionales y atractivas.

Uno de los temas que empieza a abrirse a una investigación seria es la obtención de la capacidad del lenguaje y su uso en el cerebro. Eso es muy difícil de estudiar. Cuestiones similares son extremadamente difíciles incluso si hablamos de insectos, de modo que para los humanos resulta incomparablemente más difícil, no solamente por la complejidad mucho mayor del cerebro. Sabemos bastante sobre el sistema visual humano, porque es muy semejante a los sistemas visuales de gatos y monos, y permitimos (sea eso correcto o no) una experimentación intensiva con esos animales. En el caso de los humanos es algo imposible, por lo aislada que está, biológicamente hablando, la capacidad del lenguaje humano. No hay analogías relevantes en ninguna otra parte del mundo biológico: eso constituye un tema fascinante por sí mismo.

Sin embargo, las tecnologías no invasivas empiezan a proporcionarnos evidencias importantes, que a veces incluso empiezan a aportar preguntas abiertas sobre la naturaleza del lenguaje de modos interesantes. Estos son los temas que están en los límites de la investigación, junto con una gran y desafiante masa de problemas sobre las propiedades del lenguaje y los principios que las explican. Y allá, mucho más allá —tal vez incluso fuera de alcance para los humanos—, se halla el tipo de cuestiones que animaba el pensamiento tradicional (y el asombro) sobre la naturaleza del lenguaje, lo que incluye a grandes figuras como Galileo, Descartes, Von Humboldt y otros. Entre estas cuestiones, una principal, la llamada «el aspecto creativo del uso del lenguaje», es decir, la habilidad de todo ser humano para construir en su mente un número ilimitado de nuevas expresiones con las que reproducir sus pensamientos, y para comprenderlas y usarlas de maneras apropiadas, pero no motivadas por las circunstancias, lo que constituye una distinción crucial.

Nos vemos «incitados e inclinados», pero no «obligados», según la terminología cartesiana. Estos no son asuntos que estén restringidos al lenguaje, de ningún modo. Emilio Bizzi y Robert

Ajemian, dos neurocientíficos que estudian el movimiento voluntario, lo explican muy gráficamente. Al repasar el estado actual del asunto observan que estamos empezando a entender algo sobre la marioneta y las cuerdas, pero el marionetista sigue siendo un misterio total. A causa de su centralidad en nuestras vidas, y de su papel crítico en la construcción, la expresión y la interpretación del pensamiento, el uso normal del lenguaje ilustra estas capacidades misteriosas de una manera particularmente dramática y apasionante. Por eso el uso normal del lenguaje para Descartes era una distinción primaria entre los humanos y cualquier animal o máquina, y una base para su dualismo mente-cuerpo, el cual, contrariamente a lo que se cree a veces, fue en su día una hipótesis científica legítima e inteligente, con un devenir interesante.

**¿Cuál diría que es la relevancia filosófica del lenguaje?**
Los comentarios anteriores empiezan a tratar de esta cuestión. Tradicionalmente se reconoce que el lenguaje humano es una propiedad de la especie, común a los humanos salvo patología grave, y único para los humanos en sus fundamentos. Una de las contribuciones de Lenneberg fue empezar a basar esta discontinuidad radical en biología moderna y sólida, y la condición solamente se ha visto reforzada por el trabajo subsiguiente (un asunto que se ha contestado vivamente, pero de manera equivocada, a mi entender). Por otra parte, según un trabajo que también inició Lenneberg, la capacidad de lenguaje humana aparece disociada de manera bastante nítida de otras capacidades cognitivas. No solamente es el vehículo del pensamiento, sino probablemente también la fuente generativa de partes sustanciales de nuestro pensamiento.

El estudio detallado del lenguaje también nos proporciona mucho conocimiento sobre problemas filosóficos clásicos sobre la naturaleza de los conceptos y su relación con entidades externas a la mente, una cuestión mucho más compleja de lo que a veces creemos. Y en un plano más general, sugiere maneras de investigar la naturaleza del conocimiento y del juicio humanos.

En otros terrenos, un trabajo reciente muy importante de John Mikhail y otros ha suministrado apoyo sustancial para algunas ideas de John Rawls que se habían descartado sobre relaciones de las teorías de nuestra moral intuitiva con la estructura del lenguaje. Y mucho más. Si el estudio del lenguaje ha sido siempre una parte central del discurso y del análisis filosóficos, será por algún motivo. Los nuevos descubrimientos y teorías, en mi opinión, se relacionan directamente con inquietudes muy tradicionales.

**El conocido lingüista del University College de Londres Neil Smith argüía en su libro *Chomsky: Ideas and Ideals* (Cambridge University Press, 1999) [edición española: *Chomsky: ideas e ideales*, Cambridge University Press, 2001] que para enterrar la problemática mente-cuerpo usted no muestra que tengamos una comprensión limitada de la mente, sino que no podemos definir lo que es el cuerpo. ¿Qué puede significar esto?**

Yo no fui quien la enterró. Ni mucho menos. Fue Isaac Newton. La ciencia contemporánea primera, desde Galileo y sus contemporáneos, se basaba en el principio de que el mundo es una máquina, una versión mucho más compleja que el remarcable autómata que entonces construían hábiles artesanos y que estimulaba la imaginación científica de aquellos tiempos, del mismo modo que hacen hoy en día los ordenadores y el proceso de la información. Los grandes científicos del momento, y entre ellos Newton, aceptaron esta «filosofía mecánica» (es decir, la ciencia de la mecánica) como fundamento de su empresa. Descartes creía que prácticamente había establecido la mecánica filosófica, incluyendo el fenómeno del cuerpo, aunque reconocía que algunos fenómenos quedaban fuera de su alcance. Entre estos, uno crucial: el «aspecto creativo del lenguaje» que se ha descrito antes. De modo plausible, por tanto, postulaba un nuevo principio para la metafísica del momento, una nueva sustancia: *res cogitans*, «sustancia de pensamiento, mente». Sus seguidores diseñaron técnicas experimentales para intentar determinar si las demás criaturas poseían esta propiedad y, lo mismo que Descartes, se preocupaban por descubrir cómo interactuaban las dos sustancias.

Newton rompió con esta imagen. Demostró que la explicación cartesiana del cuerpo era incorrecta y, más todavía, que no podía darse una explicación mecánica del mundo: el mundo no es una máquina. Newton pensaba que esta conclusión era tan absurda que nadie con una comprensión científica fundada podía sostenerlo... Aunque fuera cierto. De este modo, Newton demolió el concepto de cuerpo (material, físico y demás) como se entendía entonces, y realmente no hay nada que lo sustituya, más allá de lo que «más o menos entendemos». El concepto cartesiano de la mente permaneció inalterado. Hoy se ha hecho convencional decir que nos hemos librado del misticismo del «fantasma en la máquina». Pero es lo contrario: Newton exorcizó la máquina y dejó al fantasma intacto, una consecuencia que entendieron muy bien los grandes filósofos del momento, como John Locke.

Locke continuó para especular —en el idioma teológico aceptado— que del mismo modo que Dios había añadido a la materia propiedades de atracción y repulsión que son inconcebibles para nosotros (tal como demuestra «el juicioso señor Newton»), también podía haber «sobreañadido» a la materia la capacidad de pensar. Esta sugerencia (conocida como «sugerencia de Locke» en la historia de la filosofía) se prosiguió extensamente durante el siglo XVIII, particularmente por parte del filósofo y químico Joseph Priestley; luego la adoptó Darwin y, finalmente, la redescubrieron (aparentemente sin tener conciencia de sus orígenes primeros) la neurociencia y la filosofía contemporáneas.

Sobre estos asuntos hay muchísimo más que decir, pero a esto, en esencia, es a lo que se refería Smith. Newton eliminó el problema mente-cuerpo es su forma clásica cartesiana (no está claro que exista ninguna otra versión coherente), mediante la eliminación del cuerpo y dejando la mente intacta. Y al hacerlo, según concluía David Hume, «aunque parezca que Newton levantó el velo que cubría algunos de los misterios de la naturaleza, mostró a la vez las imperfecciones de la filosofía mecánica, con lo que restituyó los últimos secretos [de la naturaleza] a esa oscuridad en la que siempre han permanecido y permanecerán».

**Cuando usted irrumpió en el estudio de la lingüística, el planteamiento de B. F. Skinner sobre la conducta verbal era el que dominaba y se empleaba ampliamente en el campo de la mercadotecnia y de las promociones. Sus críticas a la teoría de Skinner no solamente acabaron con el paradigma que entonces prevalecía, sino que además establecieron un nuevo enfoque de la lingüística. Sin embargo, parece que el conductismo sigue preponderando cuando se trata de mercadotecnia y de conducta del consumidor. ¿Cómo se explica en su opinión esta aparente antinomia?**

Los métodos conductistas (aunque no exactamente los de Skinner) pueden funcionar razonablemente bien a la hora de conformar y controlar las actitudes humanas, y por tanto algún comportamiento, al menos en el nivel superficial de la mercadotecnia y de la inducción al consumo. La necesidad de controlar el pensamiento es una doctrina para la enorme industria de las relaciones públicas, que se ha desarrollado en los países más libres del mundo, como Reino Unido y Estados Unidos: la comprensión de que la gente ya había conquistado demasiados derechos como para que la controlaran por la fuerza, de manera que era necesario optar por otros medios (lo que uno de los fundadores de esa industria, Edward Bernays, llamaba «la ingeniería del consenso»).

En su libro *Propaganda*, un documento fundacional de esta industria, Bernays explicaba que la ingeniería del consenso y el «control estricto» eran necesarios en las sociedades democráticas para asegurar que la «minoría inteligente» sea capaz de actuar (naturalmente, en beneficio de todos) sin la interferencia del público molesto, al que hay que mantener en su pasividad, obediente y distraído. El instrumento obvio es el consumismo desbocado, basado en la «creación de necesidades» de diversas maneras.

Tal como explicaba su contemporáneo y amigo Walter Lippmann, un intelectual liberal —de hecho, era el principal intelectual público del momento—, hay que «poner en su lugar» a los «desconocidos entrometidos», para que sean «espectadores», no «participantes», mientras que hay que proteger a los «hombres responsables» del «atropello y del rugir de una horda desorientada». Este es un principio esencial de la teoría democrática que ha prevalecido. La mercadotecnia de la ingeniería del consenso mediante el control del pensamiento, de las actitudes y de la conducta es una palanca esencial para conseguir esos objetivos... y también para mantener el flujo de beneficios, claro está.

**Muchos mantienen la visión de que, como humanos, tenemos propensión a la agresión y a la violencia, lo que en el momento presente explicaría el aumento de instituciones opresivas y represivas que han definido gran parte de la civilización humana en todo el mundo. ¿Cómo respondería a esta visión oscura de la naturaleza humana?**

Desde el momento en que la opresión y la represión existen, son reflejos de la naturaleza humana. Lo mismo es cierto de la comprensión, la solidaridad, la bondad y la preocupación por los demás. Para algunas grandes figuras, como Adam Smith, estas eran las propiedades esenciales de los humanos. La misión de la política social es diseñar nuestras maneras de vivir y la estructura institucional y cultural de nuestras vidas para que prevalezca lo benigno y se supriman los aspectos violentos y destructivos de nuestra naturaleza fundamental.

**Aunque es cierto que los humanos son seres sociales y por tanto nuestro comportamiento depende de las disposiciones sociales y políticas en nuestras vidas, ¿existe algo parecido a un bien común para todos los seres humanos que vaya más allá de aspiraciones básicas como la necesidad de comida, refugio y protección de las amenazas externas?**

Son lo que Marx llamó «necesidades animales», esas que, esperaba, quedarían garantizadas con el advenimiento del comunismo, lo que nos liberaría para dedicarnos con provecho a nuestras «necesidades humanas», las cuales trascienden con mucho esta significación... Aunque no podemos olvidar la admonición de Brecht: «Primero, alimenta a la cara.»

**En conjunto, ¿cómo definiría la naturaleza humana? O alternativamente, ¿qué clase de criaturas somos?**

Empiezo mi libro diciendo que «no me engaño tanto como para pensar que pueda proporcionar una respuesta satisfactoria» a esta pregunta. Luego explico que me parece razonable pensar que, al menos en algunos terrenos, particularmente en los que tienen relación con nuestra naturaleza cognitiva, algunas visiones son de interés y significancia, y algunas son nuevas. Debería ser posible apartar algunos de los obstáculos que impiden seguir con la investigación, entre ellos algunas doctrinas ampliamente aceptadas cuyos fundamentos son mucho menos estables de lo que a menudo se asume. Desde que lo escribí no me he engañado más.

**Ha definido su filosofía política como socialismo/anarquismo libertario, pero rechaza aceptar la visión de que el anarquismo como visión de orden social fluye naturalmente a partir de sus visiones sobre el lenguaje. Entonces, ¿el vínculo que se establece es puramente fortuito?**

Es más que fortuito, pero mucho menos que deductivo. En un nivel suficiente de abstracción, hay un elemento común, que a veces se reconocía, o que por lo menos se percibía en las épocas de la Ilustración y del Romanticismo. En ambos terrenos podemos percibir, o al menos esperar, que en el núcleo de la naturaleza humana esté lo que Bakunin llamaba «un instinto de libertad», que se revela tanto en el aspecto creativo del uso del lenguaje normal y en el reconocimiento de que ninguna forma de dominio, autoridad o jerarquía se justifica a sí misma: cada una tiene que justificarse a ella misma, y si no puede hacerlo, como suele ser el caso, entonces hay que desmantelarla en favor de una mayor libertad y una mayor justicia. Esta me parece que es la idea central del anarquismo, que deriva de sus raíces liberales clásicas y de percepciones (o creencias, o esperanzas) más profundas sobre la naturaleza humana esencial. El socialismo libertario va más allá para aportar ideas sobre comprensión, solidaridad, ayuda mutua, también con raíces y concepciones de la naturaleza humana propias de la Ilustración.

**Tanto las visiones anarquistas como las marxistas han fracasado a la hora de ganar terreno en nuestro tiempo, y de hecho puede argüirse que las perspectivas para la superación histórica del capitalismo parecían más brillantes en el pasado que ahora. Si coincide con esta apreciación, ¿qué factores explican la frustrante contrariedad en cuanto a la realización de un orden social alternativo, es decir, uno que vaya más allá del capitalismo y la explotación?**

Los sistemas predominantes son formas particulares de capitalismo de Estado. En la generación pasada estas formas se han visto distorsionadas por doctrinas neoliberales en su asalto a la dignidad humana e incluso a las «necesidades animales» de una vida humana ordinaria. Lo más terrible, a menos que se evite, es que la implementación de estas doctrinas destruirá la posibilidad de una existencia humana decente, y eso no ocurrirá en un futuro lejano. Pero no hay razón para suponer que esas tendencias peligrosas estén labradas en piedra. Son el producto de circunstancias particulares y de decisiones humanas específicas que se han estudiado en otros lugares y de las que no puedo dar cuenta aquí. Todo esto puede revertirse y resulta evidente que topan con cierta resistencia, y que esta puede crecer, y seguro que lo hará, hasta convertirse en una fuerza poderosa, si es que queda esperanza para nuestra especie y para el mundo que tan ampliamente domina.

**Mientras que la desigualdad económica, la ausencia de crecimiento y de nuevos puestos de trabajo y los niveles de vida en descenso se han convertido en características de las**

**sociedades avanzadas contemporáneas, el desafío del cambio climático parece que planta una amenaza real para el planeta en su conjunto. ¿Es optimista en cuanto a la posibilidad de que encontremos la fórmula adecuada para enfrentarnos a los problemas económicos al tiempo que evitamos una catástrofe ambiental?**

Dos sombras se ciernen sobre todo lo que consideremos: la catástrofe ambiental y la guerra nuclear. Esta última es una amenaza muy infravalorada, en mi opinión. En el caso de las armas nucleares, por lo menos sabemos cuál es la solución: librarnos de ellas, como si de la viruela se tratara, con medidas adecuadas, lo que es técnicamente factible, para asegurarnos de que esta maldición no vuelve a afectarnos. En el caso de la catástrofe ambiental, parece que todavía queda tiempo para evitar las peores consecuencias, pero eso requerirá medidas que van mucho más allá de las que están tomándose ahora, y los obstáculos a superar son tremendos. En el Estado más poderoso del mundo, en ese que presume de un poder hegemónico, no lo serán menos.

En los amplios informes de la reciente conferencia de París sobre el clima, las frases más importantes fueron las que apuntaban que el tratado vinculante al que querían llegar los negociadores quedaba fuera de la agenda, porque no tenía ninguna posibilidad de éxito en cuanto llegara al Congreso americano, controlado por los republicanos. Es impactante comprobar que cada aspirante presidencial republicano es o bien un negador del cambio climático o bien un escéptico que se opone a la acción del Gobierno. El Congreso celebró la conferencia de París recortando los limitados esfuerzos del presidente Obama para evitar el desastre.

La mayoría republicana (con una minoría del voto popular) ha anunciado con orgullo el recorte en la financiación de la Agencia de Protección Ambiental para restringir lo que el presidente del Comité de Asignaciones de la Cámara, Hal Rogers, calificó de «programa de reglamentación destructor de empleo e innecesario» (es decir, uno de los pocos frenos a la destrucción). Debemos recordar también que la palabra «empleo», en la prensa contemporánea, es un eufemismo.

**¿En conjunto, es usted optimista sobre el futuro de la humanidad, dado el tipo de criaturas que somos?**

Tenemos dos opciones. Podemos ser pesimistas, resignarnos y contribuir a que, con total seguridad, pase lo peor. O podemos ser optimistas, aprovechar las oportunidades que seguramente existen y tal vez así ayudemos a que el mundo sea un lugar mejor. No hay mucho donde elegir.

# Notas

1. Katie Pisa y Time Hume, «Boko Haram Overtakes ISIS as World's Deadliest Terror Group, Report Says», CNN, 19 de noviembre de 2015, www.cnn.com/2015/11/17 world/global-terror-report.

2. William Polk, «Falling into the ISIS Trap», Consortium News, 17 de noviembre de 2015, https://consortiumnews.com/2015/11/17/falling-into-the-isis-trap.

3. Nick Turse, «Tomgram: Nick Turse, Success, Failure, and the 'Finest Warriors Who Ever Went into Combat', TomDispatch, 25 de octubre de 2015, www.tomdispatch.com/blog/176060.

4. Noam Chomsky, *¿Quién domina el mundo?*, Ediciones B, 2016.

5. Andrew Cockburn, «Down the Tube», *Harper's*, abril de 2016, https://harpers.org/archive/2016/04/down-the-tube.

6. Dean Baker, *Rigged: How Globalization and the Rules of the Modern Economy Were Structured to Make the Rich Richer*, Center for Economic and Policy Research, 2016, deanbaker.net/books/rigged.htm.

7. Kristian Haug, «A Divided US: Sociologist Arlie Hochschild on the 2016 Presidential Election», *Truthout*, 2 de noviembre de 2016, www.truth-out.org/opinion /item/38217-a-divi-

ded-us-sociologist-arlie-hochschild-on-the-2016-presidential-election.

8. Justin Gillis, «Flooding of Coast, Caused by Global Warming, Has Already Begun», *The New York Times*, 3 de septiembre de 2016, www.nytimes.com/2016/09/04 /science/flooding-of-coast-caused-by-global-warming-has-already-begun.html.

9. Joby Warrick, «Why Are So Many Americans Skeptical About Climate Change? A Study Offers a Surprising Answer», *The Washington Post*, 23 de noviembre de 2015, www.washingtonpost.com/news/energy-environment/wp/2015/111/23/why-are-so-many-americans-skeptical-about-climate-change-a-study-offers-a-surprising-answer/?utm_term=.b9bd6860dfe2; Michael Roppolo, «Americans More Skeptical of Climate Change Than Others in Global Survey», *CBS News*, 23 de julio de 2014, www.cbsnews.com/news/americans-more-skeptical-of-climate-change-than-others-in-global-survey.

10. Justin Gillis y Chris Buckley, «Period of Soaring Emissions May Be Ending, New Data Suggest», *The New York Times*, 7 de diciembre de 2015, https://mobile.nytimes.com/2015/12/08/science/carbon-emissions-decline-peak-climate-change.html.

11. Sobre este asunto, véase Mary Ellen O'Connell, «Game of Drones», *American Journal of International Law 109,* n.º 4 (2015).

12. Daniel Schraad-Tischler, *Social Justice in the OECD. How Do the Member States Compare? Sustainable Governance Indicators 2011* (Gütersloh, Alemania: Bertelsmann, 2011), news.sgi-network.org/uploads/tx_amsgistudies/SGI11_Social_Justice_OECD.pdf.

13. Walter L. Hixson, *American Settler Colonialism: A History*, Palgrave Macmillan, 2013, 2.

# Índice temático

revolución maoísta, 225